© Süddeutsche Zeitung GmbH, München
für die Süddeutsche Zeitung Edition 2011

Projektmanagement: Sabine Sternagel
Art Director: Stefan Dimitrov
Lektorat: Daniela Wilhelm-Bernstein
Grafik und Satz: Matthias Worsch
Druck und Bindearbeiten: GGP Media GmbH, Pößneck
Printed in Germany
ISBN: 978-3-86615-884-9

SORRY, DAS HABEN WIR NICHT

VON FELICIA ENGLMANN

Süddeutsche Zeitung Edition

INHALT

VORWORT 6

MUSKATNÜSSE 10

RUSSISCH BROT 16

SPAGHETTI BOLOGNESE 24

REGENSBURGER 34

TOAST HAWAII 40

TÜRKISCHER HONIG 48

CADBURY'S 52

RÖMER 60

KÖNIGSBERGER KLOPSE 68

JAFFA CAKES 78

SHERRY 86

WIENER WÜRSTEL 92

BERNHARDINER	104
BUDAPESTER SALAT	110
ENGLISCHER KUCHEN	120
SHIRAZ	128
PICCATA ALLA MILANESE	134
JAPAN-ÖL	144
KARLSBADER	152
JERUSALEMKERZEN	164
LEIPZIGER ALLERLEI	172
BERNER WÜRSTCHEN	182
DANZIGER GOLDWASSER	190
PIEMONT-KIRSCHEN	200

VORWORT

VORWORT

"Du kommst nach Muscat? Bring Muskatnüsse mit!" – "Klar, mach ich." Mit diesem leichtfertigen Versprechen im Gepäck flog ich 2006 ins Sultanat Oman. Und suchte dann bei 45 Grad Hitze vergeblich nach Gewürznüssen. Wie in Bologna, dachte ich mir, da waren die Spaghetti Bolognese auch gut versteckt. Oder wie damals in Cadbury Castle, wo es weder Cadbury's noch sonst irgendwelche Schokolade gab. Da stand ich also leise köchelnd in Muscat auf der Straße, hatte noch kein Mitbringsel, aber eine Idee: Ich sollte ein Buch schreiben über all die Dinge, die nach Orten benannt sind – und die es dann vor Ort gar nicht gibt.

Die Liste der Dinge wuchs überraschend schnell. Schon auf dem Rückflug von Arabien fielen mir das Leipziger Allerlei und die Königsberger Klopse ein, und viele Freunde und Kollegen erzählten mir ihre eigenen „Sorry, das haben wir nicht"-Erlebnisse. Málaga-Eis am Strand von Málaga? Hat Seltenheitswert. In Fraßhausen gibt es angeblich kein Gasthaus. In Afrika trinkt man nicht den ganzen Tag Afri Kola. Wer vor Ort danach verlangt, wird „Sorry, haben wir nicht" zur Antwort bekommen und eine kleine Enttäuschung im Erinnerungsgepäck mitnehmen. Die ist immerhin groß

VORWORT

genug sich an diesen kleinen Moment zu erinnern, an dem man festgestellt hat, dass es die Welt herzlich wenig interessiert, wenn man sie aus deutscher Perspektive betrachtet, oder Berlin mit süddeutschen Augen.

Nicht einmal alle dieser „Haben wir nicht"-Produkte sind echte Mogelpackungen. Oft sind es einfach Industriemarken, die sich mit Ortsnamen schmücken und damit Flair verbreiten wollen, gerne genommen bei Autos und alkoholischen Getränken. Oft sind es ganz einfach Übersetzungsfehler, etwa bei der Lyoner Wurst, die in Lyon Cervelas heißt, während die Saucisson de Lyon dort eine Salami ist. Noch viel öfter sind es simple regionale Bezeichnungen wie bei der serbischen Bohnensuppe, die es im ganzen Balkan gibt und die seit dem Krieg in kroatischen Lokalen und bei deutschen Dosensuppen-Herstellern eben nicht mehr serbische Bohnensuppe, sondern Balkantopf heißt. Über die Lyoner Wurst und die Serbische Bohnensuppe gibt es daher hier auch nichts mehr zu lesen. An die sechzig solcher Dinge hatte ich am Ende auf meiner Liste.

Einige Fälle sind jedoch besonders, und ihre Geschichten erzähle ich hier. Da findet man historische Irrtümer, die bis in die Antike zurück reichen. Da treten Jahrhunderte alte Eitelkeiten zu Tage, unglaubliche Verschrobenheiten und tief auf dem Grund der jeweiligen Volksseele sitzende Sehnsüchte. Wie ich das herausgefunden habe? Ich habe in meinen alten Reisetagebüchern geblättert und bin vielen Tipps nachgegangen, habe mit Bekannten aus aller Welt gemailt, gechattet, gesprochen. Vor allem aber bin ich immer gereist, statt nur Urlaub zu machen, in bisher vierzig Länder auf vier Kontinenten. Daher ist dies auch kein Buch über Dinge geworden, sondern ein Buch über Orte. Ein Buch über Begegnungen und Überraschungen, über das Kopfschütteln und das Staunen. Über das Reisen eben. Beim Lesen fällt hoffentlich jedem eine eigene Geschichte ein, die er unterwegs erlebt hat und die er seitdem gerne im Freundeskreis erzählt. Hat jemand vielleicht in Argentinien vergeblich nach einem Lokal gesucht, in dem man Tango Argentino tanzen kann? Am Aralsee keine Aral-Tankstelle gefunden? Von der Elfenbeinküste hoffentlich keine Elfenbeinschnitzerei mitgebracht? Ich habe in Muscat meine Nuss dann doch noch gefunden, und hatte nicht nur ein Mitbringsel, sondern auch eine Erfahrung mehr in der Tasche. Mit der Geschichte aus dem Oman beginnt daher auch die Weltreise zu den Orten, an denen es allerlei gibt, aber nicht das Ding, das man erwartet hätte.

MUSKAT-NÜSSE

Marktkaufleute, Gewürzhändler und eine Krämerseele

Muskatnüsse? Sorry, die haben wir nicht." Ein Händler nach dem anderen lässt mich abblitzen, als ich durch den Souq, den traditionellen Markt, von Muttrah bummle. Pashminaschals und singende Kamele stehen dort in Reih und Glied, rosa Moschee-Wecker für einen Dollar und grob geschnitzte Buchstützen. Ich stöbere in einem Silberschmuckladen. Unter den hölzernen Dächern des Marktes ist das Licht gedämpft, die kleinen Läden quellen über vor Ware. „Sehen Sie, diese wunderschöne Kette", säuselt der pakistanische Verkäufer, „echt antik! Über 200 Jahre alt". Es hängt eine Münze mit einem Stempel aus dem Jahr 1952 daran, aber Märchen gehören im Orient zum Geschäft. Alles ist schön, wenn man es so sehen möchte, und der Zauber des Souqs liegt in der Kunst des Verkaufens, des Handelns und des Stöberns nach Schnäppchen. Ein mit Handschlag besiegeltes Geschäft ist perfekt, wenn Händler und Verkäufer gleichermaßen zufrieden sind. Ich wähle eine traditionelle schachtelförmige Kette, die aber mit kleinen vergoldeten Kirschen verziert ist. „Scheußlich", wird später ein arabischer Bekannter sagen. Mir gefällt sie.

Das „ursprüngliche, unverfälschte Arabien" versprechen die Touristenkataloge den Reisenden, die sich an die Südspitze der arabischen Halbinsel in das Sultanat Oman wagen. Luxus und Lokalkolorit am indischen Ozean. Das Öl und die kluge Investitionspolitik des Herrschers Sultan Qabus haben dem Land einen sanften Aufschwung beschert, der die Bürger zufrieden und weltoffen genug macht, um wohlsituierte Europäer unbehelligt reisen lassen zu können. Der Größenwahn der Boomtowns am Persischen Golf ist im Oman dagegen nicht ausgebrochen, denn dafür gibt es zu wenig Öl.

Wo könnte Arabien echter sein als im Souq, dem Markt, wo der Geist der alten Handels- und Seefahrerkulturen lebendig ist, und wo die alten Schlitzohren endlich feilschen können, bis die Sonne untergeht? Im Oman erfüllt ein solcher Souq, im Küstenort Muttrah gelegen, das Klischee besonders schön. Muttrah gehört de facto als Ortsteil zu Muscat, der Hauptstadt des Oman. Da muss es doch Muskatnüsse geben. Sagten zumindest alle Freunde vor meiner Abreise, damit ein Souvenir in Auftrag gebend. Du fährst nach Muscat? Bring eine Muskatnuss mit!

Auf dem Lebensmittelmarkt am Hafen dreht sich der Handel heute vor allem um Fisch. Kleine Holzboote haben direkt am Markt angelegt, neben der Landestelle liegt auf geflochtenen Matten der Fang des Morgens: Glänzende Thunfische, kleine Haie, feiste Kraken und haufenweise der handgroße Hammour, der lokale Lieblingsfisch. Und allerlei Fische in den Technicolor-Farben des indischen Ozeans. Die Händler sehen, dass ich nicht kaufen, sondern nur fotografieren will, bleiben versteinert auf ihren Holzhockern sitzen. Der Markt ist modern, die Verkaufsmatten liegen nicht auf dem Boden, sondern auf Betonsockeln, ein ordentliches Dach schützt vor der stechenden Sonne, und vorne, wo die Fische ausgenommen werden, gibt es fließendes Wasser, Kacheln und praktische Rinnen, in denen das Gekröse Richtung Meer schwimmt, wo schon die Möwen lauern. Das ist auf anderen Fischmärkten der Region nicht so, weshalb man sie schon lange bevor man sie sieht, riechen kann.

In der Halle daneben liegen die Beilagen bereit: frische Tomaten, Gurken, Okras, getrocknete Limetten. Über manchem Händlertisch hängen getrocknete Haifischflossen – „In Wasser gekocht in drei Minuten fertig", sagt der Verkäufer, „mit Curry essen!". Ein alter Mann bietet einen grünen Kaktus an, der aus fingerdicken, eckigen Strängen besteht, er bricht mir ein Stück ab, „für den Magen ist das, Madame, gut für den Magen!" Es hat die Konsistenz von Radiergummi und schmeckt wie ein Kräuterbitter-Konzentrat. Muskatnüsse? Kennt hier keiner. Ob ich nicht vielleicht Pistazien wolle?

Vom Lebensmittelmarkt führt eine Promenade zurück zum Handwerker-Souq. Die Häuser ganz vorne am Wasser sind schneeweiß getüncht, die Holzbalkone herausgeputzt, sie sind Zeugen einer Zeit, als Muttrah tatsächlich der große Handelsumschlagplatz der Region war, als dort die Gewürzschiffe aus Indien anlegten, die Tabaklieferungen aus Sumatra, die Kaffee-Fähren aus Afrika, und die arabischen Dhows, die Holzschiffe, die den persischen Golf hinauf und hinunter segelten. Bestimmt, so träumt die sehnsüchtige Seele des europäischen Krämers, kamen hier von weit entfernten, nahezu geheimen Gewürzinseln die Muskatnüsse an, wurden auf Kamelrücken umgeladen und weit, weit transportiert, so weit, dass niemand mehr wusste, wie ihr ursprünglicher Name lautete, und man sie schließlich nach dem Hafen benannte, in dem man sie auf die Reise nach Europa geschickte hatte: Muscat.

Heute sollen die Touristen internationales Leben in die Stadt bringen und ein wenig von der Luft schnuppern können, die auch Sindbad dem Seefahrer um die Nase wehte, der der Legende nach aus Sohar stammt, ein paar Autostunden von Muscat entfernt – heute ein Mini-Ort, in dem sich Seeschildkröte und Winkerkrabbe gute Nacht sagen. Doch auch diese Orte haben etwas von den neuen Gästen, nicht nur die aufgeräumte Hauptstadt, denn Safaris erschließen heute auch die entlegeneren Orte des Landes.

Der Oman ist nicht urtümlicher oder moderner als andere Länder auf der arabischen Halbinsel, aber dafür gemütlicher. Die Bau-Protzerei der Golfstaaten, der Dreck und die entnervende Aufdringlichkeit nordafrikanischer Verkäufer, der ewige Beschiss – sie haben es noch nicht bis an diese Südspitze geschafft. Im Oman habe ich sehr ruhige Stunden erlebt. Ich habe den Krabben von Sohar zugesehen, wie sie sich bei Ebbe aus ihren Höhlen im Sand herausbuddeln und vor ihren Wohnlöchern kleine Wellenbrecher bauen. Auf dem Jebel Hafeet, einem beliebten Ausflugsberg mitten in der Wüste, habe ich mir am Imbiss-Kiosk eine Erdbeerlimonade geholt, den Sonnenuntergang bestaunt – und dabei festgestellt, dass ich das einzige weiße Gesicht auf dem Berg bin, was den anderen Leuten komplett egal zu sein schien. Am Strand von Muscat habe ich aufs Meer gesehen, mit den Zehen Muscheln umgedreht und mir versucht klar zu machen, dass man mit dem Schiff von hier schneller zu den Seychellen als nach Europa kommt und ich jetzt wirklich ganz schön weit weg bin von zu Hause. Und dass es hier keinen Menschen interessiert, wer in Deutschland welche Casting-Show gewinnt und welche Minister bei was auch immer geschummelt haben. Im Oman interessiert die Leute, wie es um die Wirtschaft in Indien steht, ob Benzin weiterhin billiger bleibt als Mineralwasser und was der iranische Präsident als nächstes vorhat.

„Sie kommen aus Deutschland!", weiß der indische Gewürzhändler sofort, als ich in seinem recht großen, aber gut versteckten Laden nach Muskatnüssen frage. Inzwischen war ich, gefühlt, schon an jedem Gewürzstand im Oman und habe mir Weihrauch, Curry und Arabic Masala aufschwatzen lassen. Meine Freunde vergesse ich aber auch an den fernsten Orten nicht. Jaja, die Deutschen wollten immer diese Nüsse haben, sie seien wohl die einzigen, denen sie schmecken. Und übrigens auch die einzigen, in deren Sprache sie so hießen. „Nutmeg, so heißen sie auf Englisch, Madame. Und wissen Sie was: In der arabischen Küche werden sie kaum verwendet." Ich bin schockiert. Sogar an der kleinen braunen Würznuss zeigt sich der Eurozentrismus. Ich kaufte trotzdem zwei Tüten voll, muss ja niemand wissen. Sie sind ein tolles Souvenir, auch wenn sie aus Sri Lanka kommen und von einem indischen Händler exklusiv an eifrige Deutsche weiter verkauft werden. Außerdem habe ich beim Überreichen des Geschenks die prima Geschichte zu erzählen, dass es in Muskat – fast – keine Muskatnüsse gibt. Ein schönes Märchen aus dem Orient.

Ein besonders wichtigtuerischer Bekannter, dem ich nur die Geschichte und nicht mal eine Nuss spendiere, kann wie immer eine gute Story nicht auf sich sitzen lassen und schlägt tatsächlich nach, was es mit der Etymologie der Muskatnuss auf sich hat. Vom lateinischen „nux muscatus", Moschusnuss, leite sich das ab, keineswegs von der Stadt Muscat, die man im übrigen auf Deutsch ja auch mit k und nicht mit c schreibe, und in diesem Sinne fände sich Muscat auch in zahlreichen anderen Sprachen, darunter Hebräisch und Finnisch. Der Bekannte macht schon lange keine Fernreisen mehr, sondern verbringt die Freizeit am liebsten in seiner Ferienwohnung im Harz. Kein Wunder, dass ausgerechnet diese Krämerseele der Muskatnuss den letzten Zauber nehmen musste.

RUSSISCH BROT

Wie man auf russisch weder schreibt noch knabbert

Manche Produktfälschungen sind so schlecht gemacht, dass man sie auf den ersten Blick erkennt. Wenn etwa im Khan al-Khalili-Basar von Kairo Adidas-Turnschuhe mit vier Streifen angeboten werden oder in New Yorks Chinatown Louis-Vuitton-Handtaschen mit Kringel- statt mit Blütenprint. Lässig einherschlendernd und die Waren abfällig musternd gibt man den Weltbürger, der alle Tricks der internationalen Abzockmafia kennt und außerdem die Lookbooks der jeweils aktuellen Designerkollektionen im Kopf hat. Weltbürger ist man in dem Stadium allerdings noch nicht, eher Pauschaltourist mit Fernreisekompetenz, denn Weltbürger haben im Khan al-Khalili nichts verloren, verschwenden keinen Blick an Ramsch-Stände und ignorieren die Afrikaner, die ihnen in italienischen Fußgängerzonen Plastik-Handtaschen nahelegen.

Um so erstaunlicher ist es, dass es eine extrem offensichtliche Fälschung geschafft hat, sich seit über 100 Jahren mitten in Deutschland zu behaupten und sogar zum Markenprodukt mit Nostalgie-Charme und Traditionsbonus zu werden: Russisch Brot. Die trockenen Kakaopulver-Kekse gibt es in Form von lateinischen Buchstaben. Doch wie schreibt man in Russland? Kyrillisch! Warum fällt das fast niemandem auf?

Man hat sich an den kleinen, unauffälligen Keks gewöhnt. Ihn zu hinterfragen wäre so, als würde man die eigene Großmutter fundamental kritisieren, oder die Stadt, in der man aufgewachsen ist und wo die Eltern immer noch leben, grundsätzlich ablehnen. Das ist also nur etwas für fortgeschrittene Zyniker. Russisch Brot ist wie der Leibnizkeks: Es gibt niemanden in Deutschland, der sich nicht von Geburt an daran erinnern könnte. Und niemanden, der sich zu Hause hinstellt und diese Trockenkekse nachbäckt. Zum einen, weil sie im Laden ohnehin unschlagbar günstig sind, zum anderen, weil sich die ganze Sippe inklusive Großmutter darüber beschweren würde, was man denn da für ein fieses, trockenes, fad schmeckendes Zeug zusammengebacken hätte. Auch dem örtlichen Konditor oder Bäcker würde man solche Waren um die Ohren hauen. Aber dem Industriekeks, übrigens dem ersten seiner Art in Deutschland, ab 1906 bei Bahlsen in Massenproduktion gegangen, verzeiht man alles, ganz einfach deshalb, weil er schon immer da war.

Aber was sagen eigentlich die Russen in Deutschland zu der Sache? Ortstermin bei „Prima", dem russischen Supermarkt im Münchner Problemviertel Berg am Laim. Eine junge Frau mit kurzen, blonden Haaren und Schürze räumt dort Nudelpackungen ins Regal. „Haben Sie auch Russisch Brot? Diese braunen Buchstabenkekse?" Sie steht erst starr, legt den Kopf zur Seite, verengt die Augen etwas, bleibt bedrohlich stumm. „Diese Kekse, wissen Sie, die die Deutschen gerne essen?" Da lacht sie, und sagt mit kollerndem Akzent: „Die habe ich einmal probiert. Die schmecken abscheulich. Wissen Sie, sehr lange habe ich in Moskau gelebt. So etwas Scheußliches habe ich nie probiert dort." Energisches Kopfschütteln. „Nein, die verkaufen wir nicht. Das ist was für Deutsche." Und dann verteidigt sie nachhaltig die russische Keks-Ehre. Prijaniki, Lebkuchenprinten, gute Wahl, aber nur die mit Honig. Suschki, trockene Kringel, naja. Sie blüht auf, der Akzent gurrt jetzt freundlich, sie kramt im Keksregal. „Aber wissen sie, meine Kinder essen tatsächlich gerne Buchstabenkekse!" Sie nimmt eine Tüte heraus. „Aber diese hier – zu salzig!" Es gibt tatsächlich kleine, weiße Weizenkräcker in kyrillischer Buchstabenform und einem Riffelrand wie bei Leibnizkeksen. „Bessere Kekse – nicht so salzig ...", sie bückt sich, stöbert weiter unten im Regal. „Wo sind die ...?" Da sind sie: Eine kleine Tüte Asbuka-Kekschen, mit bunten Fantasie-Comictieren bedruckt. „Die sind gut, die sind ... neutral. Nicht so salzig. Nicht so fett. Und sehen Sie: russische Buchstaben." In der Tat, daumennagelgroße kyrillische Schriftzeichen tummeln sich hinter dem klaren Teil der Verpackung. „Probieren Sie!"

Der russische Exil-Supermarkt duldet also kein Russisch Brot. Umso wunderlicher, dass die Russen der DDR durchgehen ließen, in ihren Läden Dresdner Russisch Brot zu verkaufen, industriell gefertigt, aber nicht von Herrn Bahlsen oder Dr. Oetker, sondern von Dr. Quendt. Offensichtlich wurden diese damals nicht als Beleidigung gewertet, sondern als Ehrerbietung. Oder es war eine der wenigen nostalgischen Traditionen aus dem Kaiserreich, die Russland ignorierte, weil sie einfach immer schon da gewesen war.

Der Westen ließ der DDR allerdings auch die Cottbusser Butterkekse durchgehen, die gezähnt und gepunktet sind wie Leibnizkekse, nur dass in der Mitte ein kleines Männchen statt einem Schriftzug eingeprägt ist. Oder den Hansa Butterkeks, der einfach nur gepunktet und gezähnt ist, und der mittlerweile wieder fröhliche Urständ feiert. So wie das Dresdner Russisch Brot, das inzwischen einen zeitgeistigen Bruder bekommen hat, das Bio Russisch Brot, mit Dinkel gebacken. Califax, Comic-Held der DDR, ist dafür die Werbefigur, noch so ein von Nostalgie umwehter Geselle, den inzwischen schon die zweite Generation von klein auf kennt. Die Russen wollen sicher nicht wissen, wie das schmeckt. Dr. Quendt legt aber eine Spur zum anderen vermuteten Ursprung des Russisch Brot, indem er Russisch Brot auch in Herz- statt Buchstabenform und mit Schokoladenüberzug anbietet – unter dem Namen Patience Gebäck. Diese Spur führt nach Wien. Dort wollte man der Sage nach den russischen Gesandten beim Wiener Kongress 1814 eine besondere Ehre erweisen und ihnen, der russischen Tradition folgend, ein Stück Brot zum Empfang servieren. Natürlich nicht irgend eines, sondern eines, das der Wiener Süßspeisen- und Kaffeehaustradition würdig wäre. Man buk also Russisch Brot, ein wenig falsch mit lateinischen Buchstaben. Um die neutralen, weißen russischen Buchstabenkekse, die zur Zarenzeit schon existierten und „Bukwi" hießen, nicht zu beleidigen, nannten die Wiener ihre Knabberbuchstaben „Patiencen". Man konnte die Kekschen zusammenlegen, und in der richtigen Reihenfolge ergaben sie sogar einen Sinn, so wie die Spielkarten in der richtigen Reihenfolge eine Patience sind. Diese wiederum ist erfunden in Frankreich und von Bill Gates weltweit als Zeitvernichtungsmaschine „Solitaire" in Computerprogrammen integriert.

Unter dem französischen Namen gingen die russenfreundlichen Kekse beim Wiener Zuckerbäcker Victor Schmidt 1858 in Massenfertigung, fettfrei gebacken oder aber aus Schokolade gegossen. Die Reaktion der russischen Delegation auf das Gebäck ist nicht überliefert, wohl aber die Tatsache, dass die Schmidt'sche Zuckerbäckerei schon wenige Jahre nach ihrer Gründung am Rand des Ruins stand. Erst als die Söhne komplett auf industrielle Fertigung umsattelten, blühte der Betrieb auf. Mozartkugeln und Ildefonso-Schichtnougatwürfel waren die Cash Cows der Fließbandconfiseure. „Chocolade für alle!" sagte aber auch der Konkurrent Josef Manner, der ab 1890 Massensüßwaren anbot. Eine Waffelschnitte mit Nuss-Nougatfüllung, die „Neapolitaner Schnitte No. 239", erfunden 1898, war ihr Erfolgsrezept. Noch so ein Fake der deutschsprachigen Industriebäckerei; in Neapel gibt es die Neapolitaner Schnitten bestenfalls als Importware aus Österreich, aber das stört ebenfalls niemanden, weil die Schnitten in dem rosa Papierquadrat so herrlich nach Kindheit schmecken, nach Schulausflug oder einem Nachmittag im Freibad.

Patiencen hatten im Gegensatz zu den Neapolitanern in Wien auf Dauer keine Chance, und so kaufte Manner im Jahr 2000 die Schmidt'sche Zuckerwarenfabrik, ihre Marken und ihre Tradition. Die Patience ist nicht mehr im ständigen Sortiment, nur an Weihnachten kommt sie im Nostalgie-Karton wieder in die Regale.

Aber was sagen die modernen Russen dazu? An der Grenze gibt es für den einreisenden Gast mitnichten ein Stück Brot zur Begrüßung, sondern einen General-Anschiss, den zu verstehen es sich nicht lohnt und auch nicht nötig ist, denn nach viel Palaver, „Njet!" und „Stoi!" wird der Pass mit dem mühsam organisierten Visum dann natürlich doch gestempelt und der Besucher mit „Doswidanja!" ins Land geschickt. Durch geöffnete, wenn auch nicht gerade weit offene Türen strömen also Besucher und Waren ins Land. Doch je mehr Westprodukte ein Supermarkt anbietet, desto weniger Kunden hat er. Eine Schachtel Reber-Pastetchen kostet in Russland genau so viel wie in Deutschland, nur dass eine russische Lehrerin im Monat gerade so viel verdient, wie 30 Schachteln Reber-Pastetchen kosten. Auch Bahlsen-Kekse liegen schön gestapelt im Regal, haben Suschki und Prijaniki in ihren Rascheltütchen etwas an den Rand gedrängt, aber an den Kopf- und Stirnseiten des Regals, wird schließlich am häufigsten zugegriffen. Nicht auszuschließen, dass der eine oder andere westliche Dekadenz-Supermarkt die Dreistigkeit besitzt, auch Russisch Brot ins Regal zu stellen. Zu finden ist ein solcher bei einem Ortstermin in Russland allerdings nicht. „Kapitalist!" schimpft der greise Deutsch-Russe Anatolij, wenn jemand zu offensiv die westliche Warenwelt vor sich her trägt. Als Volksdeutscher in der Ukraine geboren, hat er sich schon im

Weltkrieg für den Kommunismus und den Osten entschieden, diesen erst als Matrose der Roten Armee, später als Fregattenkapitän und Stabsoffizier erst durchgesetzt und dann gegen den Westen verteidigt. Über alle Nordmeere ist er gesegelt, und mit dem Untergang der Sowjetunion kam auch sein privater Untergang, das Ende der guten Zeit. Jetzt bekommt er 236 Euro Rente, sagt er in einem sehr alten, langsamen Deutsch, und fährt deshalb deutsche Touristen gegen Euro-Bargeld in einem 80er-Jahre-Mercedes durch seine russische Heimat. Während für die einen mit der Sowjetunion auch Hunger und Mangel in die Geschichte eingingen, endete für Anatolij mit der Wende das schöne Leben. Aus der Tasche seiner grauen Jacke zieht er ein Mäppchen mit einem Foto, das zeigt ihn mit strengen Augen, vorgerecktem Kinn und sehr großer weißer Mütze an Bord eines Kriegsschiffs, neben ihm der deutsche Vizeadmiral Dieter-Franz Braun, damals Befehlshaber der deutschen Flotte. „Raketen schießen" haben sie da geübt, sagt Anatolij, ein Deutsch-Russisches Manöver. Im Mäppchen steckt auch noch die Einladung zu einem gemeinsamen Abendessen der einstigen kalten Krieger. Dresscode: Uniform. Anatolij seufzt, als er das Mäppchen wieder in die Jacken-Innentasche steckt: „Jetzt ... alter Mann."

Wenn die Freizeitversessenen mit voll aufgepacktem Touren-Fahrrad unterwegs sind, knurrt Anatolij ihnen zu: „Partisanen!". Wenn sie ihm die 13 Euro pro Stunde bezahlen, fährt er sie artig herum und erzählt Geschichten. Leider kennt er nur traurige Geschichten, etwa die von dem Dorf, in dem früher alle Frauen als Melkerinnen arbeiteten. Seitdem die Kolchose geschlossen hat, arbeitet dort niemand mehr. Oder die Geschichte vom ehemaligen deutschen Friedhof, von dem das Breschnew-Regime alle Grabsteine entfernen ließ, die Gräber planiert und der Natur überlassen wurden, und dessen abgeschliffene Grabsteine als Rohlinge für russische Grabdenkmäler an anderen Orten verwendet wurden.

RUSSISCH BROT

Die russische Geschichte vom Russisch Brot ist dagegen eine nette und stammt aus einer noch älteren Zeit, aus dem Zarenreich. In Sankt Petersburg soll der Dresdner Bäckergeselle Ferdinand Wilhelm Hanke in der Mitte des 19. Jahrhunderts wunderbare Kuchen- und Keksrezepte kennen gelernt haben. Damals konnten die Handwerksgesellen noch relativ leicht auf ihre Lehr- und Wanderjahre in den Osten gehen. Begeistert und mit vielen Rezepten im Gepäck eröffnete Hanke dann 1845 die „Deutsch-Russische Bäckerei" in Dresden und bot dort von Anfang an auch Russisch Brot an, das er aus dem Rezept für „Bukwui", Buchstabenkekse, entwickelte. Eben diese wollte nun Dresdens Bäckermeister Hartmut Quendt (genau, der mit dem ostalgischen Califax als Werbefigur) wieder in Sankt Petersburg heimisch machen, tourte 2005 auf Einladung des sächsischen Wirtschaftsbüros durch Petersburg und rührte die Werbetrommel für seine Buchstabenkekse. Die Reaktionen in Dresdens Partnerstadt waren verhalten.

Anatolij, zwangsfreundlich und altersmilde, deckt auf der Motorhaube seines Mercedes die Kaffeetafel, das ist im Preis inklusive. Piroggen hat er dabei, Russlands kompaktes Allzweck-Gebäck, mit Apfelfüllung. Anatolij, Herr Kapitän, kennen Sie Russisch Brot? Er schüttelt den Kopf und sagt, mehr zu sich selbst: „Quatsch!"

SPAGHETTI BOLOGNESE

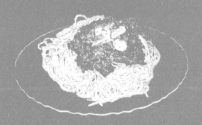

Der Stolz, die Gleichgültigkeit und eine verpatzte Chance

Viele mittelmäßige oder gar schaurige Dinge tragen den Namen sehr schöner Orte. Einige werden ihren Orten gerecht. Und wenige sind viel besser als der Ort, dessen Namen sie tragen. Spaghetti Bolognese sind so ein Fall, und zwar ein ganz besonderer, weil sie das bekannteste der vielen nach einem italienischen Ort benannte Gerichte sind, und sowohl italienische Orte als auch italienische Gerichte für den Deutschen die reine Essenz der Sehnsucht sind. Die Kombination ist meist unschlagbar: Beim Eisbecher „Venezia" in der Gelateria „Dolomiti" werden romantische Gefühle wach, als schaukelte man gerade in einer Gondel, in der Tomatensauce der Spaghetti Napoli schmeckt man die Sonne des Südens. Vom Nannini-Eis in Lucca schwatzen mir die Freunde die ganze Autofahrt von München bis zu unserem gemieteten Ferienhaus in der Toscana die Ohren voll, von der Pasta an der Amalfiküste schwärmen dieselben Freunde, als sie mit ihrem ersten Kind dort Strandurlaub verbringen. Aber Urlaub in Bologna? Macht kein Mensch. Bolognese dagegen isst jeder, sogar der Vegetarier, denn für den gibt es Tofu-Bolognese in jedem anständigen Supermarkt.

Man hört die Mandolinen beim Landeanflug auf den Mini-Flughafen von Bologna schon im inneren Ohr zirpen, rumpelige

SPAGHETTI BOLOGNESE

Air-Dolomiti-Propellermaschine hin oder her. Wenn die Werbung Bolognesesauce im Glas verkaufen will, gibt es zum Mandolinenklang noch glückliche Großmütter mit schwarzen Kopftüchern, die im großen Kessel Fleischtunke kochen. Oder Bilderbuchfamilien, deren Kinder sich auf Nudelberge stürzen. Wie alle Kinder.

Meine frühen Erinnerungen an Spaghetti Bolognese sind allerdings wie mein erster Eindruck von der Stadt Bologna: Ich sehe eine graue, aufgetürmte, wenig einladende Masse. Meine Mutter machte die Fleischsauce so, dass sie mir die ersten Jahre meines Lebens nicht schmeckte, und ich bestand lange auf meiner eigenen Nudelsauce: Tomatenmark mit heißem Wasser glatt gerührt. Meine erste positive Erinnerung an Bolognese habe ich aus einem Ristorante im Norden Münchens, einem Lokal von und für italienische Gastarbeiter, in deren Straße wir in den 80er Jahren als deutsche Minderheit wohnten. Hoch über meinem Kopf trug der Kellner einen Berg golden glänzender Nudeln mit einem Häufchen tiefroter, sämiger Sauce darauf, gekrönt von einem Häubchen bereits aufgestreutem Parmesan. Ich war vielleicht fünf, sechs Jahre alt, aber das war Liebe auf den ersten Blick. Seitdem kann mich und die Spaghetti Bolognese nichts mehr trennen. Für mindestens acht Kilo meines Gewichts sind sie verantwortlich. Das Rezept meiner Mutter habe ich nie nachgefragt, ich habe mein eigenes, natürlich völlig perfektes Rezept gefunden und beim gemeinsamen Kochen mit Freunden festgestellt, dass wohl jeder Deutsche das perfekte Bologneserezept hat.

Traumhafte Kindheitserinnerungen an die Bolognese hat vermutlich jeder. Daher hat die Stadt Bologna gar keine Chance, zu gefallen. Die Gedanken an den duftenden Teller bei „Tonino" oder wie auch immer der erste italienische Wirt im Leben hieß, sind ungleich intensiver als der Eindruck, den eine mittelgroße Handels- und Universitätsstadt hinterlassen kann. Da auch niemand mit Urlaubsfotos oder Postkarten einen Bologna-Mythos aufbaut, bleibt die Stadt in einem seltsamen Nebel der Ungewissheit, überstrahlt in Prestige und Sehnsuchtswert von ihrem berühmten Nudelgericht. Der Klügere gibt nach und so gibt sich Bologna keine Mühe, mich willkommen zu heißen, als mich der Flughafenbus am Hauptbahnhof aussetzt, einige Stunden vor einem beruflichen Termin. Geschäftsviertel. Kantige Häuser, um deren Ecken eisiger Wind pfeift. Brettflache Fassaden, aus denen Menschen in langen Mänteln quellen und an anderer Stelle wieder in die Bars hineindrängeln. Es ist Winter, ohne Schnee, aber dafür mit aller ungepolsterten Ungemütlichkeit. In den gerammelt vollen Bars stopfen sich die Bologneser mit Tramezzini und Panini voll, die Kaffeemaschinen schnauben. Ich ziehe weiter um die Häuser, auf der Suche nach Spaghetti Bolognese und der wärmenden Geborgenheit, die allein schon ihr Name verspricht. Busse rumpeln über das Pflaster, hupende Autos, Vespas, Fußgänger, alle in Eile, mit vorweihnachtlich verkrampften Gesichtern, auf dem Weg zu den langen Straßen mit den schummrigen Arkaden, zwischen Panino und Lavoro noch schnell ein paar Geschenke greifen, hektisch rauchen, mich Langsamgeherin von hinten am Ellbogen anstoßend. Ich brauche Bolognese. Jetzt. Aber wo ich auch auf die ausgehängte Speisekarte blicke – es gibt sie nicht.

Allerlei haben sie da, Tortellini panna und Garganelli alla campagnola, Lasagne, Ravioli burro e salvia. Auch sonst hat die Stadt nichts Heimeliges, es beginnt zu nieseln, ich flüchte in ein Kaufhaus, um italienischen Weihnachtsdekokitsch zu kaufen, aber nicht einmal diese wärmende, klingelnde, Kindheitserinnerungen weckende Freude ist mir gegönnt, denn es gibt keine saisonale Deko-Abteilung bei „Coin", und natürlich ist die Stadt nicht dekoriert. Bologna macht auf schroff, da fühlt man sich schnell allein. Ich kaufe dann ein Parmesanmesser und lasse mich wieder auf die Straße schubsen, schleiche in einen Nebengasse und von dort in einem Hinterhof,

SPAGHETTI BOLOGNESE

in dessen hinterster Ecke scheu eine staubtrübe Leuchtreklame eine Trattoria verspricht. Drinnen derselbe Lärm und Trubel wie am Bahnhofsplatz, ich setze mich an einen Katzentisch im Durchgang – und da schweben sie auch schon an mir vorbei. Bandnudeln mit Bolognesesauce. Dampfend, glänzend, dunkelrot leuchtend. Die will ich. Aber auf der Speisekarte stehen sie nicht. „Spaghetti Bolognese, per favore!" Der Kellner ist muffig und genervt, sagt „Was? Wie?", schaut Richtung Küche, Richtung Fenster, Richtung Bar, in die Luft, schreit „Tagliatelle Ragù? Eeeh? Signora?" Ja. Hoffentlich. Paff, steht kurz darauf kommentarlos der Teller auf dem Tisch. Nudeln Ragù, das sind sie, in der Tat. Bologna geizt mit seinen Schätzen, als ob es wüsste, dass sonst die Gäste sentimental werden und nach noch mehr Gemütlichkeit verlangen, nach freundlichem Ciao-Bella-Getue, nach Mandolinengezirp und all der Urlaubsort-Romantik, die die Italiener sonst für ihre Gäste inszenieren. Dafür hat man hier keine Zeit, Bologna ist No-Nonsense, funktional, geradlinig, und könnte so, wie es ist, auch in Holland liegen.

Von seinem köstlichen Exportschlager kann sich Bologna allerdings nicht distanzieren, daher wird er einfach so wenig beachtet, wie nur möglich. Dennoch ist diese Bolognese ausgesprochen lecker und während ich noch am Glas Rotwein nippe, knallt der Kellner schon zack! die unverlangte Rechnung auf den Tisch. Bloß nicht sentimental werden, Signora. Der Teller Ragù und der Wein, das macht dann 11 Euro, bitte gleich zahlen, wir brauchen den Tisch. Es ist in diesen Minuten in der Trattoria, in der meine tiefen, seit langem empfundenen Gefühle für die Bolognese verblassen und dem Bewusstsein weichen, dass Orte, nach denen Dinge benannt werden, ihnen oft nicht gerecht werden können und daher auch gar nicht mehr wollen.

Die Bolognese bleibt trotzdem meine Seelentrösterin, bringt mich als Energiespender durch die Zeit der Dissertation und den

Wahnsinn der Atkins-Diät-Epoche, in denen Kohlenhydrate der Teufel selbst sind und Nudeln seine irdische Inkarnation. Und dann, als ob der Lebensabschnitt, in dem die kindlichen Träume alle an der Wirklichkeit zerschellen, zu Ende geht, verschlägt es mich wegen halbgarer privater Umstände ein zweites Mal nach Bologna. Wieder ist es Winter und diesmal nieselt es nicht nur, sondern es gießt wie aus einem Durchschlag, in dem gerade Spaghetti abgegossen werden. Es ist Sonntag Nachmittag, ich kann bequem mitten in der Innenstadt parken, und habe noch nicht mal mein Auto abgeschlossen, als schon ein aufgeschwemmter, betrunkener Alter vor mir auftaucht, der mich lallend um Geld für Medikamente anbettelt und mir dabei eine leere Tabletten-Blisterpackung vor die Nase hält. Bologna, immer noch die alte, immer auf dem Boden der harten Tatsachen. Die Nettigkeit wohnt hier nicht. Aber ich bin klüger geworden und habe mir von nicht-bologneser Italienern sagen lassen, dass die örtliche Spezialität nicht einmal die Ragù-Sauce ist, sondern die Tortellini, die hier besonders klein sind und besonders intensiv schmecken sollen.

Ein weiteres Mal lasse ich mich durch die breiten Straßen mit den Arkaden treiben, die grob gepflasterten Gässchen, über den großen Platz in der Stadtmitte. Wieder spazieren die Bologneser in dicken Mänteln und mit hochgezogenen Schultern durch die Stadt. Da bin ich wieder, sage ich leise zu dem Marienstandbild in der alten Kirche, zünde eine Kerze an, bleibe auf der Holzbank sitzen, obwohl ich gleich wieder gehen möchte, zurück ins Auto, weg aus Bologna, rein ins Italien, wie wir es kennen möchten, mit gutem Essen, Sonne und charmanten Kerlen. Und doch bleibe ich. Amüsiere mich draußen über die bronzenen Brunnen-Nymphen, die breitbeinig auf ihrem Sockel knien und chaotische Fontänen aus ihren Brustwarzen drücken. Besichtige die zwei Türme, die seit fast 1000 Jahren windschief in der Stadt stehen. Kaufe bei „Coin" vier tiefe Pastateller aus zartem weißem Porzellan. Spaziere durch Gässchen, in denen Alte ihre kleinen Schoßhunde spazieren führen und irritiert schnauben, wenn ich vor ihrer Nase innehalte um Speisekarten von Lokalen zu studieren, die ohnehin geschlossen sind. Je weiter sie weg sind von der Hauptachse der Sehenswürdigkeiten, desto bolognesiger sind diese Lokale, sprich, es gibt natürlich keine Spaghetti Bolognese, sondern Penne alla vodka, Gnocchi alla sorrentina und Spaghetti alla puttanesca. Etwas näher an der Hauptschneise hat ein Lokal dann trotzig schon Lasagne alla bolognese im Angebot, auf Englisch übersetzt mit „Papardelle with wild boletus mushroom's sauce" (breite Nudeln mit einer Sauce aus wilden Dickröhrlingen). Gut, dass dieses Lokal geschlossen hat.

Inzwischen habe ich gelernt, warum Bologna in den Ruhm Welthauptstadt der Fleischsaucen zu sein, gekommen ist. Der Florentiner Pellegrino Artusi schrieb 1891 ein epochemachendes Buch über „Die Wissenschaft des Kochens und die Kunst des guten Essens" und unterschied darin Maccheroni in Neapolitaner und Bologneser Art – letztlich also in nördlich und südlich. Ragù Bolognese ist ihm zufolge aromatisch gewürztes Hackfleisch, das sehr lange gegart wird, für das Ragù Neapolitano wird ein ganzes Stück Fleisch sehr lange bei kleiner Flamme gegart und erst später zerkleinert. Oder so ähnlich. Egal. Denn Herr Artusi wird bis heute als der Mann gefeiert, der Italiens Küche einigte und damit auch gleich das italienische Nationalgefühl und eine – zumindest in der Küche – einheitliche Sprache erfand. Die Bologneser können also nichts dafür und damit ist klar, warum sie keine Bolognese haben. Wer will sich schon von einem Florentiner sagen lassen, was das neue Nationalgericht sein soll? Indem Bologna partout keine Bolognese serviert, ist es patriotischer und authentischer als jeder Ort, der jedem ungefragt seine echte oder erfundene Spezialität auftischt.

Irgendwo am Meer, in einem Urlaubsort, sähe es vielleicht anders aus, da hätte man sich vom Patentamt, von der EU oder sonst irgendwem den Namen schützen lassen und entweder einen riesen Reibach mit jedem verkauften Gläschen oder Tütchen im Ausland produzierter Fertigsauce gemacht. Oder es gleich geregelt wie nur wenige Kilometer weiter in Parma, wo man das Welt-Monopol auf luftgetrockneten Schinken für sich gepachtet hat. Bologna aber teilt das Schicksal ihrer Schwester im Geiste, der Stadt Amatrice, ebenfalls kein Ort, in dem irgendjemand Urlaub macht, aber dessen Nudelsauce mit Speck jedermann isst, ohne dass Amatrice etwas davon hätte oder es zu schätzen wüsste. Amatrice trifft es sogar noch härter, denn sogar schon in Italien heißt die Pasta mit Specksauce auf Speisekarten gerne falsch Matriciana statt richtig alla Amatriciana. Geeinte italienische Nationalküche – von wegen.

Bologna hat zumindest ein bisschen aus seinen Fehlern gelernt. Während eisiges Regenwasser durch meine Schuhsohlen an meine Zehen dringt, nähere ich mich wieder der Haupt-Sehenswürdigkeiten-Einflugschneise und der Gegend mit den großen Hotels, und siehe da, Bologna nutzt die Gunst der Stunde: Tagliatelle alla bolognese oder Tortellini alla bolognese gibt es im Lokal „Il Ducale" für jeweils 7 Euro. Nebenan hat man auf die normale Speisekarte einen Extra-Zettel geklebt und preist darauf selbiges zum nahezu gleichen Preis als Cucina Bolognese an, aber auch Tortellini in Brodo, Tortellini alla Panna, und Tortellacci ai Funghi Porcini, also Riesentortellini mit Röhrlingen, wie man Steinpilze auch nennen kann. In einem der edleren Ristorantes direkt an der Hauptmeile stehen blasiert „Tagliatelle alla Bolognese con il ragù tradizionale" für 14 Euro als Vorspeise auf der Karte. Nur Spaghetti Bolognese anbieten? Das ist unter der Würde der Stadt, in der schon Nudeln mit Fleischsauce gegessen wurden, als man vom vereinten Italien noch nicht mal träumen wollte. Natürlich haben alle diese Bolognese-Lokale an einem Off-Season-Sonntag im Winter geschlossen, und so lande ich im „Rivoli Café" nahe der Hauptstraße, in dem einige Jungs verschiedenen Alters Fußball gucken. „Tortellini Ragù bitte und ein Glas Wein dazu, aber zack, zack." Widerwillig löst sich der Küchenbeauftragte vom Fernseher. Kurz darauf höre ich das metallische Ping einer Mikrowelle, und dann steht der Teller schon auf dem Tisch. Es ist eine der schlechtesten Bolognesesaucen, die ich je gegessen habe. „Zahlen, bitte."

Fast schon bin ich beim Auto, da streift mein Auge die Auslage des Café „Gamberini". In goldenem Licht liegen da Torten wie aus einem anderen Universum in der Auslage. Kunstwerke aus Obst, Schokolade und Zucker, wie aus einem Film gestohlen. Schon stehe ich am Tresen. Die holzgefasste Glastür hat mich in eine andere Welt geführt, eine voll Wärme und Glamour, von Luxus und Grandezza alter Zeit, von den Wundern der Küche, die einen nach Luft schnappen lassen. 1,80 Euro kosten ein Törtchen und ein Espresso. Zusammen. Da stehe ich an der marmornen Bar und kann mein Glück kaum fassen. Vor mir sitzt ein Traum aus Schokoladencreme, mit mikrofeinen Raspeln bestreut, darauf gebettet eine Himbeere mit kleinen Zuckerkristallen auf der Haut, gestützt von einem kleinfingernagelkleinen Ornament aus Herrenschokolade. Ein süßer Firlefanz. Neben mir, in einer weiteren Vitrine der Bar, liegen winzige Häppchen auf Silbertabletts, mit Spargelsalat, mit Krabben, mit feinem Lachs. In vielen Snack Bars auf der ganzen Welt bin ich gewesen, aber eine solche Pracht habe ich noch selten gesehen, und niemals, niemals war ich so glücklich über Miniatur-Delikatessen. Danke, danke, „Gamberini", dass du erst 1907 aufgemacht hast, als das Nationalkochbuch des Herrn Artusi schon fertig war. Er hätte sonst sicher eine „Mignon alla Bolognese" als Nationalsüßigkeit festgeschrieben, und man könnte im „Gamberini" kein Minitörtchen mehr essen, wenn man gerade dringend einen süßen Seelentröster braucht.

REGENS-
BURGER

Dicke Würste und unklare Identitäten

Wenn Sie einmal ein richtig verdutztes Gesicht sehen wollen, gehen Sie am Arnulfplatz in Regensburg zu McDonald's und verlangen einen Regensburger. Dort steht eine sehr ordentliche, ältere Dame, die man eher in einem Feinkostladen oder einer Kurzwarenhandlung erwarten würde, an der Theke. Ihr Mund klappt bei dieser Bestellung etwas auf, die Augen weiten sich auf Zweieurostück-Größe. Retten Sie die Dame dann besser vor dem drohenden Kollaps ihrer gewohnten Welt und sagen Sie: „Der muss wohl noch erfunden werden." Dann freut sie sich und lacht, und schlägt vor, dass das dann wohl eine Leberkässemmel wäre.

Falsche Antwort. Aber auch falscher Vorschlag. Die Regensburgersemmel gibt es schon längst. Gehen Sie einige Minuten weiter zum Neupfarrplatz. Wenn Sie Glück haben, ist dort der Imbiss-Stand einer Metzgerei aufgebaut, die Regensburgersemmeln anbietet, belegt mit der dicken, großen Brühwurst, die den Namen Regensburgs in den Kosmos der Metzgereitheken hinausträgt und dort dem Namen Wiens Konkurrenz macht, indem sie die Wiener an Umfang deutlich übertrifft. Auch in Regensburgs Metzgereitheken liegt die beliebte Brotzeitwurst, keine zwei Euro kostet das Paar. Es scheint also alles in bester Ordnung zu sein: Regensburg bekennt sich zu seinem berühmten Snack.

In Wirklichkeit ist die Regensburger aber vom Aussterben bedroht, denn sie ist eigentlich ein Phantom. Niemand weiß wirklich, wie sie aussieht, und womöglich gibt es die echte Regensburger schon seit 100 Jahren nicht mehr. Was außerhalb der Stadt Regensburg gemeinhin als Regensburger verkauft wird, ist eine etwa zehn Zentimeter lange und vier Zentimeter dicke Brühwurst mit recht grobem Inhalt und leicht geräuchert, meist mit Brocken aus Speck. Dieselbe Wurst, aber mit feinem Inhalt, wird als Dicke gehandelt. Wenn diese Dicke dann ganz lang ist und einen Kreis formt, ist sie eine Lyoner. Und wenn sie doppelt so lang und dafür dünn ist, hat man eine Wiener. Eine dünne, lange Regensburger ist ähnlich einer Debreciner, nur dass sich in der mehr Kräuter befinden, die man andererseits auch in mancher Regensburger entdecken kann. In Regensburg aber ist die feine Version der Wurst in manchen Metzgereien ein Knacker, und manchmal auch die grobe, sodass man schon nicht recht weiß, was man bekommt, wenn man in Regensburg eine Knackersemmel bestellt. Eine Metzgerei hat beschlossen und verkündet im Internet, dass es Regensburger schon „viele Jahrhunderte gibt", die kompakte Brotzeitwurst sei dagegen ein Knacker. Auf dem Bild sehen beide gleich aus ...

Und dann der Regensburger Wurstsalat, den viele Gaststätten anbieten: Er besteht aus in feine Scheiben geschnittener Wurst, frischen Zwiebelringen, Essig und Öl. Da er nicht Regensburger-Wurstsalat heißt, kann er aus allerlei Wurst bestehen, genau wie außerhalb Regensburgs, wo man nur zwischen Wurstsalat (bestehend aus Dicken oder Regensburgern oder Lyoner, selten Leberkäs) und Schweizer Wurstsalat (dasselbe mit Käse) unterscheidet. Die Metzgerei mit der praktischen Internetseite verkündet: „Wir haben Kunden, die kaufen einen Querschnitt durch unsere Würstl und machen einen gemischten Wurstsalat aus Lyoner, Stadtwurst, Regensburgern und Knackern."

Der Regensburger Wurstsalat wie auch die Regensburger entziehen sich in der Praxis ihrer Definition. Vielleicht haben deshalb viele Lokale sie, die Regensburger Wurst, gar nicht erst auf der Speisekarte. Wiener werden Sie jedenfalls weithin finden, den Salat auch, aber der kann ja nun auch aus Lyoner sein. Identität ist eine vielschichtige Sache. Bei Menschen ist sie um so stärker, je ausgeprägter das Selbstbewusstsein ist. Bei Dingen ist sie um so eindeutiger, je schärfer die Definition der Sache ausfällt. Die regionale Identität des Menschen kann aber auch durch Definition vorgegeben werden und die Definition einer Sache durch das Selbstbewusstsein ihrer Besitzer. Genau da liegt das Problem der Regensburger: Die Stadt sucht gerade ihren neuen Platz in Europa, ist vom Zonenrandgebiet wieder ins Zentrum gerückt, nachdem sie im Mittelalter schon einmal von Bedeutung gewesen war, wovon aber nur noch die Baudenkmäler und nicht mehr das Selbstbewusstsein der Bewohner zeugen. Was ist also heute ein Regensburger? Sucht er seine Identität in der Vergangenheit, und wenn ja, in welcher? Der traditionell-bayerischen, der provinziellen, oder der glanzvollen mittelalterlichen? Der römischen gar? Der reichsdeutschen? In der Gegenwart mit ihrem Wandel und den blühenden Landschaften? Oder glaubt er an die Zukunft und findet sich selbst im Bild des Europäers, seine Stadt als Treff- und Angelpunkt zwischen Ost- und Westeuropa? Was ist Regensburg heute für ein Ort – und wofür möchte er berühmt sein?

Regensburger Würstel werden Sie garantiert finden, wenn Sie die berühmte „Wurstkuchl" aufsuchen. Diese kleine Steinhütte direkt an der Donau ist ein bemerkenswertes Relikt: Im 12. Jahrhundert klebte sie wie ein Schwalbennest außen an der Stadtmauer, und die Bauherrn der Steinernen Brücke, jenem Weltwunder des Mittelalters, verwahrten dort ihre Pläne und Unterlagen. Als die Brücke fertig war, zog eine Garküche in die Hütte und verkaufte Selchfleisch an die Hafenarbeiter und Schauerleute, die Schiffer und Bauarbeiter. Irgendwann kam der Wirt auf die Idee, statt Gesottenem große, fetthaltige Bratwürste anzubieten, und das war die Geburtsstunde der ersten

Bratwurststube der Welt, wie sich die „Wurstkuchl" heute stolz nennt. Außerhalb der Reisesaison können Sie sogar den einen oder anderen Regensburger (Menschen) darin treffen, und der Duft der Regensburger (Wurst) weht Ihnen schon entgegen, bevor Sie die kleine Hütte sehen können. Innen gehen sie am knackenden Holzkohlengrill vorbei in die dunkel getäfelte Stube, die Kümmel-Wecken stehen schon im Körbchen auf dem blanken Tisch. Sie müssen nur noch wählen, ob sie sechs, acht oder zehn Regensburger wollen, Kraut bekommen Sie sowieso. Allein, diese Würste sind gemeinhin eher unter dem Namen Nürnberger bekannt: Deftige Schweinsbratwürstel eben. Kann die älteste Bratwurstbude der Welt lügen? Sind eigentlich dies die echten Regensburger? Aber was sind dann die dicken, groben Brühwürste?

Bestellen Sie noch ein dunkles Bier, blicken Sie aus dem kleinen Fenster der „Wurstkuchl" hinaus auf die Donau und genießen Sie den Moment. Denken Sie an das, was Sie eben gesehen haben: All die stolz herausgeputzten Bürgerhäuser der Altstadt. Den sandgestrahlten Dom in all seiner gotischen Würde. Das römische Portal, unerschütterlich seit Jahrtausenden an seiner Straßenecke festgewachsen. Die hohen Türme der reichen Patrizierfamilien, die sich damit ihre Denkmäler gesetzt haben. Den riesigen Saal im Rathaus, in dem die Kaiser des Heiligen Römischen Reiches Deutscher Nation ihre Kurfürsten, Prälaten, Fürsten, Grafen und Freiherren zum Reichstag herbeizitierten. Wo die Mächtigen die Räder der Zeit drehten, Kriege beschlossen und wegweisende Gesetzeswerke. Damals war Regensburg die Nabe der politischen Welt.

1806 wurde alles anders. Das Reich und damit der Reichstag existierten nicht mehr. Regensburg wurde der Provinzialisierung überlassen. Das Geld in der Stadtkasse war schon im selben Jahr knapp. Die Stadtkämmerei verkaufte die kleine Garküche an der Donau an den Wirt Wolfgang Schricker. Es gibt Gerüchte, dass erst er es war, der dort das Selchfleisch gegen profane Würste ersetzte, ein Zeichen des schwindenden Selbstbewusstseins der gewesenen Metropole. Es konnte nur noch bergab gehen ohne Reich und Reichstag, besser die Reste des Alten durch den Wolf drehen und auf den Grill damit.

Gehen Sie jetzt noch einmal durch die Stadt und sehen Sie genau hin. Auf dem Neupfarrplatz sind neben der Imbissbude Stände mit Spezialitäten aus Frankreich aufgebaut, feinste Pasteten aus Entenleber und Pfeffer gibt es da, bretonischen Cidre und duftende Olivenöle. In der Dombuchhandlung liegen stapelweise Vampir-Romane von Stephenie Meyer, ins Schaufenster eines der Antiquitätenlädchen hat sich eine Mickey-Maus aus Glas geschlichen. Im Lokal des Hotel Orphée speist man französisch, der Feinkostladen bietet Meersalz aus Portugal an, die Konditorei gegenüber dem Rathaus hat keine Donauwellen in der Vitrine, dafür Rosen-Honig aus Schweden, ein Kühl-Lastwagen liefert Spezialitäten für das Asia-Lokal, und beim Italiener ist als Tagesgericht Involtini alla Siciliana an die Tafel geschrieben. Alles ist ungeheuer liebevoll gemacht, individuell und aufreizend putzig gestaltet, aber die großen Filialisten haben ihre Stores jenseits der Kopfsteinpflaster-Fußgängerzone bereits aufgeschlagen wie ein Belagerungsheer seine Zelte. Noch hält die Altstadt stand und zeigt sich trotzig von ihrer familiären Seite. Nagelneues Römermuseum unter dem Neupfarrplatz, graffitifreie Fassaden. Doch dahinter bröckelt es schon. Sehen Sie noch genauer hin. Das Gelände der ehemaligen Schnupftabaksfabrik ist wunderbar luxussaniert, die mittelalterlichen Stein-Löwen am Eingang repräsentativ herauspräpariert, doch die große Schnupftabakstradition wird nur noch im Museum gefeiert. In der ehemaligen Fabrik haben sich Coffeeshop, Tapasbar und Belegte-Brote-Bistro angesiedelt, locken mit Designermöbeln und Leckereien, für die auch Don Juan sein Selchfleisch hätte stehen lassen. Im Café bedient eine Tschechin. Was ist heute ein Regensburger? Identität ist eine schwierige Sache. Kein Wunder, dass niemand so genau weiß, was eine Regensburger Wurst ist.

TOAST HAWAII

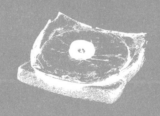

Es gibt keinen Toast auf Hawaii, aber dafür genug Bier

Ein Lastwagen zuckelt gelassen den Highway Number Two hinauf. Der Fahrer hat das Fenster heruntergekurbelt, ein nackter, sehr braungebrannter linker Arm ist zu sehen, und Finger, die an der Seite der Tür einen groovigen Rhythmus trommeln. Quietschblauer Himmel mit weißen Wölkchentupfern spannt sich über die Autobahn, rechts stehen majestätische Berge, geradeaus zu ist das Grün so unverschämt saftig, dass es die Augen schmerzt. Der Lastwagen, obwohl ein oller Diesel, duftet. Seine Ladefläche ist voller frisch geernteter Ananas. Auf Oahu, Hawaii, ist sogar eine Autobahnfahrt paradiesisch.

Und dann erst das Ziel der Fahrt. Waialua Bay. Schwarze Felsen im goldenen Sand, betörend dezent an den Strand schwappendes, türkisfarbenes Meer. Braungebrannte Jungs auf Surfbrettern. Oahu ist die perfekte Insel. Sie ist groß genug, sogar im Traumhaften noch Abwechslung zu bieten: volle Partystrände in Honolulu, einsame Sandbuchten im Norden, brennende Sonne oder zwei Tage Regenwetter. Feine Restaurants mit gegrillten Mahi-Mahi-Fischen, Lomi-Lomi-Lachs und Kalua Grillschwein hier, Frucht-Snack-Bars da. Oahu ist weit und teuer genug, um von Billig- und damit Sex- und Sauftouristen verschont zu bleiben, und doch gut genug angebunden, um nicht einsam zu sein. Groß genug, um den Einheimischen mit Universitäten und allem zivilisatorischen Schnickschnack mehr als einen guten Grund zum Bleiben zu geben, und doch noch Insel genug, um dort eine verschworene Gemeinschaft aufzubauen, ohne sich jedoch gegenseitig auf die Füße zu treten. Egal wie laut das Fernweh sonst in einem ruft – auf Hawaii schweigt es ehrfürchtig angesichts des Wunders dieser Insel.

Wovon träumen aber die Leute auf Hawaii? Welche Bilder locken sie fort aus ihrem Paradies, welche Vorstellungen von der Ferne? Wollen die Leute mal Pinguine sehen oder Löwen und Elefanten, statt der ewigen Fische? Wollen sie sich mal mit Junkfood vollstopfen, mit der Barkasse bei Regen durch den Hafen von Rotterdam schaukeln?

„You from Munich?", fragt der unverschämt gut aussehende Kerl, der an der Bar am Haleiwa Beach Cocktails mixt. „Great!", sagt er, und „Beer Festival! Hofbrauhouse!" Jaja. Der Himmel der Bayern. Aber dafür von Oahu wegfliegen? Wirklich nicht. Andererseits – was für den einen die Ananas auf Hawaii ist für den Hawaiianer die Maß in München. Ein Massenprodukt, dessen Mythos wächst, je weiter der Kunde vom Ursprungsort entfernt ist.

Natürlich gibt es Bier auf Hawaii, auch wenn das passende Oktoberfestlied jetzt schon durch jedermanns Ohren dröhnt, jede Menge Bier sogar. Die Hawaiianer scheinen es lieber zu trinken als die klebrigen Fruchtcocktails, die sie für die Gäste zusammenschütteln, und ja, Ananas gibt es auch jede Menge auf Hawaii, sogar so viel, dass sie für den Export reichen und man damit „Toast Hawaii" machen kann.

Rein vom Klang her geht das ja noch. Spricht man „Toast Hawaii" langsam aus, klingt es ein wenig wie die Musik, die an ruhigeren Strandbars und in feinen Hotellobbys dickflüssig aus den Lautsprechern quillt. Füllt man den Klang dann aber noch mit Gedanken, ist Schluss mit dem Paradies. Man steht mitten in der deutschen Bürgerlichkeit. Genau dieser und nichts anderem hat der Toast Hawaii seine Karriere zu verdanken, zunächst in Gestalt des Fernsehkochs Clemens Wilmenrod. Dieser war gar kein gelernter Koch, in Hawaii war er auch nicht gewesen, aber dieses Gericht traf 1955 den Nerv einer Generation. Man liebte Gerichte aus der Konserve, dazu alles Fette und Salzige, und pflegte sein neu erwachstes Fernweh. Wirtschaftswunderjahre. Man schaffte neue Küchengeräte an und Mutti durfte sich mal was leisten, mal was ausprobieren. Toast Hawaii war die kulinarische Essenz des neu erwachenden Lifestyle: Dosenfrucht, Formfleisch, Cocktailkirsche, Industrie-Scheibenkäse, Fabrikbrot. Aufeinander gestapelt und im neuen „Heinzelkoch" Mini-Öfchen herausgebacken. Zu verzehren gar vor dem neuen Fernsehgerät, da praktischerweise auch ohne Besteck zu essen. Und dann noch der Name und die neue Kombination von süß und salzig. Ein Traum.

1955, im Geburtsjahr des Toast Hawaii, hatte in Wiesbaden die Operette „Wir reisen um die Welt" Premiere. In den Musikboxen der deutschen Milchbars dudelten Hits vom Hula Hawaiian Quartett, die Hilo Hawaiians sangen von „Santo Domingo" und der bayerische Abenteurer Hans Ertl entdeckte den Inka-Tempel in der verlorenen Stadt Paititi in Peru. In Wirklichkeit war es schon der absolute Wahnsinn, wenn man sich überhaupt eine dieser nagelneuen schicken Isettas leisten konnte, 1955 vorgestellt, und es damit bis Italien schaffte. Und dann auch noch den Leutchen daheim erzählte, in Italien gebe es einen salzigen Kuchen mit Tomaten und Käse drauf zum Abendessen. Fernsehkoch Wilmenrod kannte seine Deutschen also und fütterte sie schon bevor er sich mit dem Hawaii-Toast ein Denkmal setzte, mit Fernweh-Gerichten. „Es liegt mir auf der Zunge", eines seines Kochbücher, lehrte die Spaghetti

Bolognese, Russischen Kümmel-Kukkel, Salat Kreolin, Bukarester Leber und Königsberger Klopse kochen.

Die Generation, die all dies genoss, gab in den 70er Jahren den Traum von der Ferne an ihre Kinder weiter und servierte den Toast zusammen mit der Pizza als Leibspeise. Die Kinder der 70er Jahre, erfahren durch Reisen nach Lido di Jesolo und Rimini, Klassenfahrten nach Südtirol oder gar ins Sportvereinstrainingslager in Nizza, waren allerdings schon weltgewandt genug, in der Pizzeria unter gar keinen Umständen, Pizza Hawaii zu essen, weil das nur diejenigen Dorftrottel bestellten, die dem Fernsehen der 80er Jahre glaubten, nämlich dass Polizisten in Miami tatsächlich in weißen Segelschuhen unterwegs waren und auf Hawaii im Blümchenhemd, und dass alle amerikanischen Cops Ferrari fuhren.

Dennoch ist es wahr, dass in Honolulu gerne mit dem Sportwagen (wenn auch nicht mit dem Ferrari) vorgefahren wird, dass der Himmel sich zum Sonnenuntergang bonbonfarben schminkt und dass am Waikiki Beach das Wasser blauer ist als anderswo. Das mit dem Blümchenhemd, gut, da ist die Mode drübergegangen, das trägt man nicht mehr. Dafür hängen jetzt Strandtaschen mit Hibiskusblütenprint an den Ständen und die Jungs am Strand sind noch viel knackiger als in den 80er-Jahre-Serien.

Könnte das nicht gehen – einfach hier auf Oahu am Strand einen Eiscremestand eröffnen und für immer bleiben? Das sind die Träume, die einen an den Stränden des Archipels beschleichen und relativ bald wieder verblassen. Dann, wenn der erste Eindruck sich abgenutzt hat und die andere, nicht weniger echte hawaiianische Realität ins Bewusstsein sickert. Mililani Town etwa, nordwestlich von Honolulu gelegen, ist eine genauso belanglose amerikanische Ministadt wie jedes Kaff in Idaho, wo Frauen in ausgebeulten Jogginganzügen

Einkaufswagen über den Riesenparkplatz vor dem Supermarkt rollen. Im Viertel Makaha des nördlichen Ortes Waianae, fast in Sichtweite der Traumstrände, der rollenden Wellen, muss man aufpassen, wenn man nicht will, dass einem schwere Jungs die Badetasche klauen oder aus Spaß die Mietwagenreifen aufstecken. Und der fiese Massentourismus existiert natürlich doch, die Abzocke in Schrott-Lokalen in Honolulu, die grölenden Studenten aus Idaho, die Plastikpalmen Made in China. Sogar die Ananas ist bestens vermarktet. Man kann etwa mit vielen kurzhosigen Urlaubern aus Idaho die „Dole Plantation" gleich bei Waialua besichtigen und in der „Complete Pineapple Experience" lernen, wie Herr Dole einst ein Paradies fand, es mit Frucht-Monokulturen überzog, den Traum dann in Dosen füllte und damit wiederum jeden kleinen Laden in den USA und schließlich der restlichen westlichen Hemisphäre beschickte. Ananas für die Welt. Damit sich auf der Schauplantage keiner die Klettsandalen ablatscht, fährt man im internationalen Urlauber-Standardzüglein (identische Modelle wurden schon in En Gedi am Toten Meer, in Avignon und im Münchner Tierpark gesichtet) durch genau das, was man sich als Kontinentbewohner unter einer Hawaiianischen Ananasplantage vorstellt, darf dann noch das größte Ananaslabyrinth der Welt begehen und natürlich im Shop Ananashundekekse kaufen, oder ein T-Shirt, in dessen Logo die Sonne aufgeht.

Ach ja, Dole wirbt übrigens mit einem Rezept für Aloha Chicken Wings, mit süßscharfer Ananassauce, klar. Dank der Dosen kann man die auf Hawaii genau so gut machen wie in Namibia oder im Ahrntal. Die eingeborenen Hawaiianer finden sowas zum Gähnen und gehen gerne mal da hin, wo es richtig nach USA schmeckt, nämlich in ein Fastfoodlokal. Bei „Pizza Hut" ist, oh Wunder, wie überall auf der Welt auch Pineapple als Topping im Angebot. Nicht frisch, sondern aus der Dose, wie der Hersteller artig angibt. Ham and Pineapple auf der Pizza in Hawaii – das geht auf das Konto der Deutschen. Die

Pizza Hawaii ist die Internationalisierung von Toast Hawaii, die Kreisform des quadratischen 50er-Jahre-Fernwehs, die erreichbare und die unerreichbare Welt von damals vereint auf 400 Quadratzentimetern. In Australien und Neuseeland, den Orten auf der Welt, die von Deutschland geografisch am weitesten entfernt sind, ist die Hawaiian inzwischen angeblich die beliebteste Pizzasorte, mit knapp einem Fünftel Marktanteil. Und mit ihren Träumen vom American Way of Life haben sich die Hawaiianer diesen Bastard auf ihre Insel geholt. Der Sündenfall des pazifischen Paradieses.

Und das alles nur wegen eines Fernsehkochs aus der Nachkriegszeit, der gerne Dinge aus der Dose verwendete. Was wäre wohl gewesen, wenn Wilmenrod selbst das hätte vorhersehen können? Er starb an Magenkrebs und erlebte den Erfolg seines Gerichtes nicht mehr. Vielleicht ist er bereits im himmlischen Paradies angekommen und es sieht dort so aus wie Hawaii für denjenigen, der gerade erst angekommen ist. Oder noch nie dort war ...

TÜRKISCHER HONIG

Süße Versuchungen und internationale Flugsicherheitsstandards

Ein ganzes Glas Honig muss in der Türkei in jede anständige Nach- und Süßspeise. Honig tropft vom Kadin Göbegi (Frauennabel), vom Baklava (Nussgebäck), vom Bali findik Sufesi (Honig-Nuss-Auflauf), vom Badem Ezmesi (Nusspfannkuchen), und bildet einen goldglänzenden See auf dem Joghurt. Natürlich steckt er auch in der unglaublich perfekten Süßigkeit, die bei uns Türkischer Honig heißt, in Wirklichkeit aber ein unverschämt fluffiges Nougat ist und in der Türkei Nuga Helva oder einfach nur Nuga heißt. Helva ist die schwarzmeerische und orientalische Süßspeise schlechthin, kommt fluffig oder fasrig daher, klebrig oder trocken, voller Nüsse oder ganz ohne.

Dann gibt es noch Lokum, noch süßer als alles andere, diese Würfel aus Stärke, Zuckersirup, mit Rosenwasser, Pistazien, Nüssen, Fruchtmus veredelt, eigentlich mit allem, was man überhaupt in Süßspeisen packen kann. Nur Honig ist im Lokum eher selten. Auf Silbertabletts aufgestapelt liegt Lokum in den Schaufenstern. Wenn man eines isst, fühlt man sich wie eine Haremsdame, isst man zwei hintereinander, als wäre man so dick wie zwei Haremsdamen. „Turkish Delight" heißt diese Verführung auf Englisch, weshalb alle die, die noch nie Lokum in einer Auslage haben liegen sehen, diese kleinen

Süßwürfel „Türkischen Honig" nennen, obwohl ihnen dessen Erscheinungsform als Kiloblock eigentlich von der Kirmes her bekannt sein sollte. Auch dieses Soft-Nougat liegt, in Würfel geschnitten, in den Auslagen.

So weit, so eindeutig. Schwierig wird es erst, wenn man beschließt, türkische Süßigkeiten mit nach Hause zu nehmen, und einem das erst im Duty-Free-Shop des Atatürk Airport einfällt. Da gibt es in einem kitschig gestalteten Laden namens „Old Bazaar" Nougat, auf dessen Schachtel „Harem's Delight" steht, und Lokum, das „Turkish Delight" heißt, außerdem Halva, Baklava, Baharat, Saray Helvasi und wie die sündigen Dinge in den bunten Schachteln und Tütchen nicht alle heißen. Außerdem gibt es Mokka, Tee, Pistazien, Oliven, Marmeladen und – haha! – Bienenhonig in kleinen Gläschen. Echter türkischer Honig, dunkelbraun und verlockend, mit einem dicken, Turban tragenden Sultan auf dem Etikett, und einem Namen wie „Sultan's Pleasure", der ein wenig nach Viagra klingt. Ein eindeutiger, entscheidender Kaufanreiz, das Gläschen muss mit, auch wenn es so viel kostet wie zwei Schachteln gemischtes „Harem's Delight" oder eine große mit Rosenlokum. Aber an der Kasse, wo man die Bordkarten kontrolliert, gibt's ein Problem:

„Sie fliegen in die Schweiz, und dann weiter?" – „Ja, nach Deutschland, wieso?" – „Den Honig können Sie da jetzt nicht mitnehmen." – „Welchen jetzt?" – „Na, den Honig, was denn sonst." – „Ach, was?" – „Das wissen Sie doch ... (tiefer Seufzer). Auf allen Flughäfen in der EU gilt: Ins Handgepäck dürfen sie keine Flüssigkeiten, Geleés, Cremes ..." – „Jaja, aber hier ist doch nicht die EU." – „Aber sie fliegen in die Schweiz." – „Die ist auch nicht in der EU." – „Das ist egal. Den werden die Ihnen dort trotzdem abnehmen. Möchten Sie sich nicht noch eine Schachtel Lokum aussuchen? Die gemischten haben wir gerade im Angebot."

Alles war so einfach, durchsichtig und leicht verständlich mit dem türkischen Honig, aber auf den letzten Drücker vermiest es einem die EU mit ihrer Handgepäcks-Richtlinie, außer Türkischem Honig und Lokum auch echten Honig aus der Türkei mitzubringen. Die Geister der Sultane, die ihr olles „Delight" nur zu gerne an die Touristen verkaufen, die es dann möglichst weit weg bringen, können sich ruhig ins Fäustchen lachen. Lokum und Türkischer Honig sind keine Gels und dürfen mit. Honig aus der Türkei nicht. Das soll noch jemand verstehen.

CADBURY'S

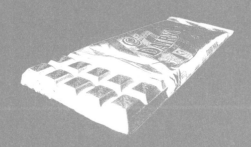

Der herbsüße Mythos von Camelot

Cheddar ist ein Schinken, sagt meine Freundin Katrin. Sie muss es wissen, sie lebt seit Jahren in England, arbeitet mit Engländern, kauft in englischen Supermärkten ein und unternimmt Ausflüge auf das englische Land. Viele davon haben wir in den vergangenen Jahrzehnten gemeinsam bestritten. Nach dem Abitur gingen wir auf große Fahrt bis zu Nessie nach Schottland. Wenn man mit einem Fiat Panda aus einer oberbayerischen Kleinstadt bis zum Loch Ness will, macht man besser ziemlich oft Pause und plant die Tagesetappen übersichtlich kurz, denn der schachtelförmige Wagen war zwar treu, schaffte aber seine Spitzengeschwindigkeit von 130 Stundenkilometern nur bergab mit Rückenwind und die Sitze waren in etwa so bequem wie alte Klappstühle. Außerdem wollten wir was erleben, kauften Moselwein an einer Tankstelle an der Mosel und fuhren mit dem Auto-Winzling auf die große, große Fähre. In London waren wir mit Katrins Freundin Chrissie und ihrer neuen Flamme Gregor verabredet, die tatsächlich nicht hatten glauben wollen, dass es in England zwar keinen Englischen Kuchen, sehr wohl aber englischen Regen gibt, und etwas ernüchtert von einer Fahrradtour durch den Süden der Insel zurück kamen.

Auf dem Weg nach Schottland lagen verheißungsvolle Ziele: Nottingham, die Metropole des Robin Hood und eine der herbsten Enttäuschungen ganz Englands. Graue Industriearchitektur statt Mittelalter-Romantik, ein kastenförmiges, neuzeitliches Schloss mit einer ziemlich erbärmlichen Sammlung von allerlei Artefakten, gesichtslose Geschäfte, lustlose Souvenirhändler, und ein „Cafe Royal", in dem es zwar Kaffee gab, aber keinen Tee. Und geregnet hat es auch noch. Ein totaler Flop also, genau wie der Sherwood Forest, von dem kaum Wald übrig ist, durch den aber eine schnurgerade Landstraße brettert und in dem dann die „Major Oak" steht, eine zugegebenermaßen schöne Eiche, die aber nicht alt genug sein kann, dass Robin und die Merry Men wirklich darunter hätten gesessen haben können. Abends verfuhren wir uns auch noch so gründlich, dass wir erst eine Unterkunft in einem Ort Namens Knutsford fanden, als es draußen stockfinster und unsere Stimmung verhagelt war.

Auf der elenden Fahrt bis Knutsford erinnerte sich Katrin an einen ähnlich verheerenden Ausflug 1992 nach Birmingham, als wir ebenfalls einem Mythos gefolgt waren und dann statt eines sagenhaften Einkaufszentrums namens „Bull Ring" die Tristesse des britischen Working-Class-Shopping gefunden hatten, schäbig wie die verlassene Wohnung eines Mietnomaden. Städte, die auf „-ham" enden, seien als Ausflugsziele wohl einfach ungeeignet, sagte Katrin in die Stille im Fiat Panda hinein, als es schon zu dämmern begann, sie seien eben „nichts weiter als ein Schinken". Seitdem ist für uns jeder Ort, der keinen Ausflug wert ist, ein Schinken. Inzwischen hat Katrin sich in England niedergelassen und ich besuche sie regelmäßig. Im Frühjahr 2006 bin ich fast zwei Wochen bei ihr, wir fahren an den Wochenenden nach Cornwall und Wales zum Wandern und unter der Woche beschäftige ich mich selbst, etwa mit Shoppen im mittlerweile neu gebauten „Bull Ring". Um Katrin nicht den letzten Nerv zu rauben, unternehme ich eine mehrtägige Fahrt in den Süden, nach Stonehenge und Glastonbury und was sonst noch so auf dem Weg liegt. Marlborough zum Beispiel, wo man mir, ganz britisch gelassen, ohne mit der Oberlippe zu zucken eine Schachtel der nahezu gleichnamigen Rauchwaren verkauft, nach Dorchester und Bath, in dem es als Hauptsehenswürdigkeit ein großes Römerbad gibt. Auf dem Weg liegt Cheddar, das Schilda der Käseherstellung, denn der Cheddar ist die meistverkaufte Käsesorte der Welt, aber das englische Örtchen nahezu unbekannt und mitnichten die reichste Lebensmittelstadt auf dem Globus. Daran könnte auch die beste EU-Verordnung zum Schutz regionaler Produkte nichts mehr ändern, denn längst wird der meiste Cheddar in den USA produziert. Chrissie und Gregor seien schon einmal im englischen Cheddar gewesen, erzählt Katrin, und wären überhaupt nicht begeistert gewesen; ein riesen Rentner-Rummel sei das, ein richtiger „Schinken" eben. Nur Käse gebe es dort genug. Ich stelle Cheddar auf der Wunschliste meiner Ausflugsziele hintan.

Ganz weit vorne steht dafür aber Cadbury, und das nicht wegen der Schokolade. Cadburyworld, der Themenpark der britischen Zuckerbäcker, befindet sich in der Nähe von Birmingham und gar nicht weit von Leamington Spa, aber Katrin befürchtet, dass der Einfluss des „-ham" dort noch spürbar sein könnte, weshalb wir noch nie zusammen in Cadburyworld waren. Die Dörfer South und North Cadbury dagegen sind in der südlichen Grafschaft Somerset versteckt. Sie sind durch eine Schnellstraße getrennt, sodass ich bis heute nicht weiß, ob es im nördlichen Dorf einen Tante-Emma-Laden gegeben hätte, im südlichen Dorf jedenfalls gibt es ein paar Bauernhäuser, eine Kneipe und einen Parkplatz, auf dem ein ziemlich zorniges Schild die Besucher warnt, hier keinen Müll liegen zu lassen. Und es gibt dort Cadbury Castle, vom dem man meinen könnte, es bestehe aus Milchschokolade, denn das sollte sich die größte Süßwarenfabrik des Landes als Prestigeobjekt schon leisten können.

Die Milchschokolade in der traditionellen violetten Verpackung naschen Engländer schon seit 1905, und es gibt keinen Kiosk, keine Tankstelle und keinen Süßwarenautomaten im

Königreich, in dem man nicht sie oder ihre Nichten, die zahlreichen Riegel, finden kann. Wenn jemand in Großbritannien in seinem Laden nur eine einzige Industrie-Süßigkeit verkaufen dürfte, es wäre Cadbury-Schokolade. Das Dorf Cadbury könnte also so sein wie das Innere von Willy Wonkas wunderbarer Schokoladenfabrik: knallbunt und voller Verlockungen, aber solche Wunderlandträume sind amerikanisch und haben im nüchternen Großbritannien, dem Mutterland des Understatement, keinen Platz. Weniges wird dort mehr verachtet, als wenn Profanes mit übertriebenem Lärm und in grellen Farben inszeniert wird. In South Cadbury soll ja nicht einmal das Einwickelpapier einer mitgebrachten Schokolade herumfliegen, das gehört in den Mülleimer und sonst nirgends hin. So bedrohlich wie das Schild auf dem Parkplatz wirkt, nascht man nur heimlich im Auto und versteckt das Papier dann schamhaft im Seitenfach der Fahrertür.

Wie so oft hat das Dörfchen rein gar nichts mit dem weltberühmten Lebensmittel zu tun, das seinen Namen trägt: Cadbury-Schokolade heißt korrekt Cadbury's. Wer richtig gut Englisch kann, erkennt daran das Genitiv-S, das im Englischen weit öfter für Personen als für Städte verwendet wird. So ist es denn auch; die Süßwaren tragen den Namen ihres Erfinders John Cadbury, eines Quäkers, der 1824 in Birminghams Bull Street einen Lebensmittelladen eröffnete und dort auch bald Trinkschokolade anbot. Jene Bull Street im übrigen, in die in den 60er Jahren ein Einkaufszentrum hingeklatscht wurde, das dann ziemlich herunterkam und 2003 in aller Pracht neu errichtet wurde.

Aber zum Einkaufen und Schlecken bin ich nicht nach Cadbury gefahren, sondern wegen des Schlosses. Mein Wagen ist der einzige auf dem Parkplatz, dicke graue Wolken segeln vor dem strammen Wind über die Ebene, ich muss die Kapuze eng um den Kopf binden. Kein Mensch aus dem Dorf geht bei dem ins Gesicht pieksenden, eisigen Regen vor die Tür. Gutes englisches Wetter. Klebrige Lehmbatzen liegen auf der Straße, ein Busch beugt sich so tief über den Wegweiser, dass man ihn kaum sehen kann, aber den Burgberg kann man nicht verpassen, ich habe ihn schon vom Parkplatz aus gesehen. Ich wandere an den Cottages vorbei in einen Hohlweg. Obwohl das Wetter tobt, ist es im Hohlweg so still, dass ich meine Schritte im Laub vom Vorjahr rascheln höre. Ich durchwandere das Tor des äußersten Befestigungsrings, der Anstieg wird steiler, der nächste Durchgang, kein Wächter stellt sich mir entgegen. Auf das letzte Tor gehe ich besonders langsam zu, um jeden Moment aufzusaugen, in meinem Inneren spielt die Musik alter Zeiten, dann trete ich durch das Portal in den Schlosshof. Es ist ein großes, grasbewachsenes Plateau, über das der Wind pfeift. Von Cadbury Castle steht kein Stein mehr. Es ist kein Schloss, sondern die Erinnerung an das Schloss der Schlösser, gefangen auf einem einsamen Hügel mit holpriger Oberfläche, umgeben von einem Ring aus baumbestandenen und überwachsenen Wällen, die einmal die Befestigung bildeten. Eigentlich ist Cadbury Castle nur ein komischer Hubbel in der Ebene, an dessen Fuß sich ein Dörfchen duckt. Aber die Erinnerung ist stärker als jedes Gebäude, das dort stehen könnte, denn als noch Reiter durch das Tor preschten, Soldaten die Holzpalisaden auf den Wällen bewachten und oben auf dem Gipfel die tapfersten Krieger ihrer Zeit zusammen kamen, war Cadbury Castle die berühmteste Burg, die es je gegeben hat: Camelot. Das Schloss des König Artus.

Die Zeit mag die hölzernen Gebäude zernagt haben und die Wälle geschleift, die besondere Kraft des Ortes hat sie nicht stören können. Bei Regen und Sturm über den Hügel von Camelot zu laufen ist einmalig, denn die schiere Größe der untergegangenen Anlage lässt ihre Erhabenheit ahnen, der Blick reicht auch bei tieffliegenden Wolken weit ins Land. Ob die Spuren der riesigen, seit der Eisenzeit befestigten, immer wieder verlassenen und schließlich um das Jahr 1020 endgültig aufgegebenen Burg, die Archäologen hier gefunden haben, wirklich die von Camelot sind, ist wie an allen sagenhaften Orten nicht geklärt. Aber schon im Mittelalter wollte man gerne glauben, dass Artus einer der ganz Großen war und seine Ritter die wahre Liebe erfunden haben. Wer daran glaubte, für den war die Welt ein besserer Ort, weil es dort zumindest in der Erinnerung echte Kerle gab, verzehrende Romanzen und wirklich wichtige Aufgaben, denen man sich mit Haut und Haar verschreiben konnte, statt den eigenen Lebensweg im faden Alltag verblassen zu sehen. Wer glaubt, dass in Cadbury Camelot stand, für den ist der grasige Hügel der eine Ort auf dem Planeten, an dem sich die größten Helden aller Zeiten getroffen haben. Und da braucht man keine Schokolade und kein schönes Wetter, keinen Audioguide und keine Erklärtafeln, da ist es am besten, wenn man ganz allein über die Sturmhöhe wandert und das Echo der eigenen Sehnsüchte in sich klingen hört. Wenn es an einem Ort eigentlich gar nichts gibt, dann gibt es dort das, was man sich hinwünscht und was man in seinem Inneren dort hinträgt. Cadbury Castle wäre nicht mysteriös und faszinierend, wenn man dort mit hunderten Touristen durch tot renovierte Gemäuer schlurfen könnte. Der Geist von König Artus braucht eine große Fläche, um sich entfalten zu können – und stünde in Nottingham nicht dieses Stadtschloss, sondern einfach nichts, würden die Geister des Sheriffs und seines Feindes Robin dort noch immer herumspuken.

Ob es in der Dorfkneipe von Cadbury, die den schönen Namen „The Camelot" trägt, vielleicht doch ein Stück Schokolade gegeben hätte, hat mich angesichts der Erhabenheit des Ortes dann auch gar nicht mehr interessiert. Das Internet sagt, es werden dort ordentliche Braten aufgetischt, Würstchen mit Kartoffelbrei, Sandwiches und Ploughman's Lunch, ein traditioneller britischer Brotzeitteller, hier wahlweise mit Ham, Cheddar oder beidem.

Den Ausflug nach Cheddar spare ich mir. Daher weiß ich bis heute nicht, was es in der „Cheddar Gorge" gegeben hätte, die dort als Sehenswürdigkeit in meinem Straßenatlas eingezeichnet ist. Ich stelle mir aber vor, dass dort eine Höhle versteckt ist, in der die Tropfsteine aus Käse bestehen. Es könnte aber auch einfach ein Schinken sein.

RÖMER

Die Liebe zum Souvenir – ein manchmal unpassendes Verhältnis

Sogar noch auf dem Dach der Peterskirche gibt es Souvenirs. Rom, diese gierige Stadt, lässt keinen Raum ungenutzt. Wo man dort kein Seelenheil erbeten kann, gibt es für Geld allerlei Waren. Wo man nicht stehen kann, um Schaufenster oder historische Orte zu bestaunen, die man entweder später als Miniatur erwirbt oder worin man wiederum um Seelenheil bittet, wird gefahren, und das auch möglichst so, dass keine Lücke frei bleibt. Es gibt keinen Flecken und kein Bedürfnis, das in Rom nicht ausgenutzt wird. Zeigen die Fenster in den Gebäuden keine Waren, so hängen dort Speisekarten oder sie geben gleich den Blick frei auf die Bar mit Cornetto, Prosecco und Co. Nichts, gar nichts bleibt brach liegen in der ewigen Stadt. Vielleicht konnte sie genau wegen dieser Emsigkeit, diesem übereffizienten Ausnutzen aller Ressourcen, so lange überleben. Weder Vandalen noch Pilger, weder Faschisten noch Massentouristen haben der Stadt wirklich etwas anhaben können, im Gegenteil, sie hat gelernt, ihren Gewinn zu maximieren und dafür den geringstmöglichen Aufwand zu betreiben. Warum regelmäßig Busse auf die wichtigen Linien schicken, wenn es auch unregelmäßig geht und sich die Menschen darin auch stapeln können? Warum den Prosecco kühl stellen, wenn man ihn auch warm verkaufen kann?

Warum also das Dach der Peterskirche ungenutzt lassen, wo man doch nur einen lächerlichen Betrag als Eintritt verlangt hat und sogar freistellt, ob der Gast noch einen weiteren lächerlichen Betrag bezahlt, um den Aufzug statt die Treppe benutzen zu dürfen? Warum eine Ecke unbebaut lassen, die man von unten gar nicht sehen kann, deren Bebauung also den Gesamteindruck gar nicht stört, wohl aber die Gesamtbilanz verbessert? Die Kirche muss ja schließlich auch von etwas leben, und so bieten auf dem Dach des vielleicht ehrwürdigsten Gebäudes Europas brave Klosterschwestern ein Sortiment aus verzierten Kerzen, quietschbunten Heiligenbildchen, Holzkreuzen, kleinen Amuletten, Rosenkränzen, Gebetbüchern und Postkarten an. Immerhin gibt es dazu Vatikan-Briefmarken. Wer die Karten gleich auf dem Dach schreibt und einwirft, bekommt auch noch einen Vatikan-Stempel, wenn er denn genug Vertrauen in die Tatsache hat, dass die Karten aus diesem Kasten auch wirklich abgeholt und zur italienischen Post weitergebracht werden statt als weißer oder schwarzer Rauch auf Nimmerwiedersehen in den Äther zu gehen.

Die wirklich guten Souvenirs gibt es aber draußen, auf dem profanen Boden der Welt. Die Schneekugel etwa, in der der Papst größer ist als die Peterskirche – in der Via della Conciliazione. Auf dem überbreiten Boulevard, der so etwas wie die Hausauffahrt des Vatikans ist und daher selbstverständlich Aussicht auf die Peterskirche im Format 16:9 bieten muss, haben sich mit die besten Souvenirhändler angesiedelt. Was es nicht alles gibt. Eine kleine Schachtel in Rosen-Form, die normalerweise türkische Juweliere zum Verpacken von Ringen aus Gelbgold benutzen, ist hier zur einer Krippe zum Aufklappen umgebaut: In den Schlitz, in den der Schmuck gehört, sind Zinnfiguren gesteckt. Da gibt es Kühlschrankmagneten mit dem Konterfei des Heiligen Vaters, aber nicht nur des aktuellen, sondern auf Anfrage auch des letzten und vorletzten. Bemalte Teller mit der

Kuppel des Petersdoms sind ausgestellt, eine nachts leuchtende Skulptur des Erzengels Michael, springende Glasdelfine für die Vitrine, Flaschenuntersetzer, Puppenstühle mit dem Gesicht von Padre Pio ... Die Regale in den Läden sind vollgestopft mit Dingen, die seit den 70er Jahren vielleicht nur noch einmal im halben Jahr verlangt werden, aber auch für diesen Fall möchte man gerüstet sein, nicht, dass einem das Geschäft entgeht, weil der Kunde es im Laden nebenan entdeckt hat.

Je weiter man sich vom Vatikan entfernt, desto weltlicher werden die Souvenirs. Am Trevi-Brunnen quellen gewebte Taschen mit allerlei Motiven aus einem Laden wie Federn aus einem geplatzten Kissen. In den Gassen, die weiter führen zum Pantheon, stecken Riesenbleistifte in einem Blecheimer wie monströse Amor-Pfeile, und weil die Häuser so eng an die Gassen herangerückt sind, bleibt man im Fußgängerstrom gelegentlich stecken und kommt ganz buchstäblich nicht mehr an den Souvenirs vorbei. Dann wird es gefährlich. Eigentlich will man ja schon lange keine mehr kaufen, weil in der Wohnung ohnehin zu viel Kram herumliegt und weil man kein einziges dieser Stücke wirklich brauchen kann. Wegwerfen will man sie aber auch nicht. Bei den geschenkten ist es leichter – weg mit den Miniatur-Holzschuhen, die einem die entfernte Bekannte aus Holland angeschleppt hat. In die Tonne mit der Reederei-Tasse von der Luxuskreuzfahrt der anderen Bekannten. Mit den in der eigenen Handtasche importierten Souvenirs ist es schwierig, denn ob man will oder nicht, man hat einen Bezug dazu aufgebaut. Peinlich aber wahr: Wie könnte man das kleine Marien-Amulett vom Dach des Petersdoms zu den leeren Joghurtbechern und den Apfelbutzen in den Müll geben, wenn einem jedes Mal, kommt es einem in die Finger, die weichen Augen der Klosterschwester in der Verkaufsbude einfallen? Das gäbe schlechtes Karma!

Die emotionale Bindung zum Souvenir beginnt schon beim Kauf: Man hat dieses eine Stück aus tausenden anderen ausgewählt, es hat nicht nur den Blick gefangen, sondern auch das Hin- und Herdrehen in den Händen überlebt, die Frage nach dem Preis, das nochmalige Umsehen im Laden, im argen Fall sogar das Geschwätz des Verkäufers, er hätte hier noch dies und jenes, und im ärgsten Fall auch den Spott der Mitreisenden.

Ein Souvenir zu kaufen ist so, wie sich zu verlieben: Schon in dem Moment, in dem man es sieht, weiß man tief drinnen, dass es um einen geschehen ist und man es haben muss. Um die Gier jedoch zu kaschieren lässt man es langsam angehen, prüft nochmal eingehend und mit möglichst vielen Sinnen, ob man sich nicht getäuscht hat, und sucht noch einmal alibihalber nach etwas Besserem. Entschieden hat man sich aber dennoch, da nutzt auch kein Zureden mehr. Der Verkäufer weiß sogar schon früher als man selbst, dass es gefunkt hat, und wird gerade auf dieses eine Stück keinen Rabatt geben. Ist das heiß begehrte Souvenir einmal bezahlt, in Papier gewickelt und in der Tasche, hat man schon eine feste Beziehung aufgebaut, die ein Leben lang halten kann. Das Fatale ist, dass man mit Souvenirs herrlich polygam leben kann und sie manchmal so in seinen Alltag integriert, dass man ganz vergessen hat, wo und wie die Beziehung begann. Man muss die Gegenstände des eigenen Alltags hinterfragen. Der Zuckerlöffel? Inder-Markt in Dubai. Der Arne-Jacobsen-Design-Kerzenständer auf dem Couchtisch? Illums Bolighus, Kopenhagen. Die Saunaschlappen – aus dem Assawan Spa in Dubai. Das Feuerzeug mit den brennenden Twin Towers drauf – vom Chinesenmarkt in New York. Wer behauptet, er hätte kein einziges Souvenir zu Hause, der lügt. Selbst jemand, der noch nie seinen Geburts-Landkreis verlassen hat, wird irgendwo ein Erinnerungs-Bierglas vom Schützenfest im Nachbardorf haben.

Es müssen nicht unbedingt edelste Nippes sein, genauso wenig wie jeder Partner ein Supermodel sein kann. Aber bei jedem, ob Partner oder Souvenir, wird man sich an den zauberhaften, beschwingten Moment erinnern, an dem man sich das erste mal gesehen hat. Dann wird es verdammt schwierig, sich voneinander zu lösen, weil man den Gedanken an gute Stimmung nicht gern aufgeben mag. Das Summen der Stadt, in der man es gekauft hat, ist wieder da, die Sonne, der Geschmack von Eiscreme, der Geruch des eigenen verschwitzten T-Shirts. „Und wer's nie gekonnt hat, stehle weinend sich aus diesem Bund", hat Meister Schiller darüber geschrieben. Die Sache geht weiter, wenn man sich abends in Rom auf der Piazza Navona ein Getränk bestellt, die Handtasche voller Devotionalien, den Kopf voller Bilder, das Herz weit offen: „Freude sprudelt in Pokalen, in der Traube gold'nem Blut, trinken Sanftmut Kannibalen, die Verzweiflung Heldenmut. Brüder, fliegt von euren Sitzen, wenn der volle Römer kreist, lasst den Schaum zum Himmel sprützen, dieses Glas dem guten Geist."

Römer! Diese Gläser mit dem grünen, geriffelten Stiel! Den runden Kelch gerne bedruckt mit Motiven von allerlei Orten wie „Schloss Neuschwanstein" oder „Erlanger Weinfest"! Ausgerechnet dieses Souvenir gibt es in Rom nicht. Man braucht auch die lebendigen Römer gar nicht danach fragen, der Fall ist von angesehenen Historikern geklärt: Das Glas mit dem geriffelten Fuß ist eine Erfindung der Renaissance-Niederländer. „Berkenmayer" hieß das Trinkgefäß dort im 16. Jahrhundert zunächst, und fiel vor allem wegen der Noppen oberhalb des Fußes auf. Der Fuß war aber die eigentliche Besonderheit, da für ihn ein langer Glasfaden im Kreis gelegt wurde. Bis zu zwanzig Zentimeter hohe Pokale wurden in dieser Form hergestellt. Diese Gläser ließen sich ausgesprochen gut und feierlich erheben und erhielten ihren Namen von der Sitte des „Roemens", wie die Niederländer sagten, des „Rühmens", was man gerne tut, wenn man sein Gals erhebt und dabei einen Trinkspruch auf jemanden ausbringt. 1501 in Neuss am Rhein nannte jemand dieses Glas nachweislich zum ersten Mal „Römer".

Schon so mancher Italiener wird, ohne zu wissen, was er tut, vom Rhein einen Souvenir-Römer mit zurück nach Rom gebracht haben, um ihn zu den anderen Schätzen aus aller Welt in den Schrank zu stellen. Aber kein Italiener, der etwas auf sich hält, wird ernsthaft aus einem Römer trinken. In einem Lokal nicht, weil die germanischen Pokale dort nichts verloren haben, und zu Hause nicht, weil man weder Souvenirs noch andere Geliebte im Alltag verschleißen und damit unbrauchbar machen sollte. Im Gegenteil, sie werden sie zur ewigen Anbetung bewahren, den Römer aus der Rüdesheimer Drosselgasse in der Vitrine und die Geliebte im Herzen, wo sie einen Platz neben der Mama bekommt wie der Römer neben der leuchtenden Madonna aus Fatima. Ein kleiner Moment macht sie alle zur lebenslangen Liebe, und in den Herzen der Italiener ist Platz für viele Geliebte. Das ist der Grund, warum die Italiener so oft zu wildfremden Frauen „Ciao Bella" sagen. Für sie ist der flüchtige Moment so kostbar wie die Ewigkeit, jede Dame wunderschön, und kein Krümelchen Amore jemals verschenkt ...

So etwas denkt man, wenn man bei Sonnenuntergang auf der Piazza Navona sitzt, den teuersten Prosecco der Stadt bestellt hat und eine nachts leuchtende Padre-Pio-Statuette in der Handtasche trägt. Einfach nur Tourist sein, seinem eigenen Klischee entsprechen, dabei den Moment genießen – auch das ist eine Kunst. Seid umschlungen, Millionen, diesen Kuss der ganzen Welt.

KÖNIGS-BERGER KLOPSE

Spukgeschichten aus dem untergegangenen Ostpreußen

Die Insel im Fluss bietet Platz für jedermann. Auf den Bänken an der zentralen Promenade sitzen Mädchen in pinkfarbenen Miniröcken und zeigen, was sie schon haben. Gegenüber hocken die Jungs in zu weiten Jeans und zeigen, dass sie schon richtig gut rauchen, breitbeinig sitzen und eine Bierflasche halten können. Wenn einer sich Mut angeraucht hat, überquert er den Pflasterweg, schlendert dabei bemüht lässig um die quadratischen Raseninseln herum, die Mädchen fangen schon an zu kichern, und bietet ihnen dann eine Zigarette an.

Einige Bänke weiter sitzt ein Mittzwanziger und liest Zeitung. Ihm gegenüber ein Paar, das sich schon gefunden hat. Der kleine schwarze Hund des Parkwärters saust über diese Promenade und kontrolliert, ob auch wirklich alles in Ordnung ist. Vorbei an den alten Damen mit den großgeblümten, unterm Kinn geknoteten Kopftüchern, vorbei auch an den drei kräftigen Männern mit den kahl rasierten Köpfen und den verquollenen Augen, von denen jeder eine fast leere Wodkaflasche festhält. Vorbei an den deutschen Rentnern in ihren beigebraunen Funktionshosen, die mitten in einer der Raseninseln stehen, einer fotografiert und zwei lesen im Reiseführer, hinein in den eigentlichen Park, hindurch zwischen den scheinbar wahllos aufgestellten Skulpturen. Zurück durchs Gebüsch auf den geteerten Platz, wo ein paar kleine Mädchen Tretroller fahren. Wirklich niemand, der auf der Insel im Fluss nicht sein Plätzchen fände. Obwohl sie mitten im Zentrum der Stadt liegt und der Verkehr in endloser Folge über die weiß lackierte Stahlbrücke am Ende der Promenade zieht, ist der Lärm nur ein Summen in der Luft. Idyllisch ist diese Insel, und doch ist sie ein Ort des Spukes. Zentralinsel heißt sie, oder Kant-Insel, aber 600 Jahre lang hieß sie Kneiphof, und war kein Park, sondern das Zentrum einer Metropole, der Ort, an dem die Kaufmannshäuser dicht an dicht standen, die Suppenkessel dampften, die Waren durch die Gassen gekarrt wurden und die Damen in teuren Roben flanierten. Als die Insel Kneiphof hieß, trug die Stadt um sie herum den Namen Königsberg. Von ihr ist nichts übrig als Geister und Erinnerungen.

Kaliningrad heißt die neue Stadt an der Ostsee, in deren Mitte eine grüne Insel mit einer Promenade liegt. 1946 benannt nach dem Politiker Michail Iwanowitsch Kalinin, einem linientreuen Kommunisten und Stalin-Diener. Mit Königsberg hat Kaliningrad wenig mehr gemeinsam als den Boden, auf dem die beiden Städte stehen, und den Fluss Pregel. Im Grunde wurde Königsberg nicht einmal umbenannt, sondern es wuchs in ihren zerbombten und ausgebrannten Ruinen Kaliningrad als neue Stadt, mit einer komplett neu zugezogenen Bevölkerung aus Russland, Weißrussland, der Ukraine und Kasachstan, oder, wie es damals hieß, aus der Union der Sozialistischen Sowjetrepubliken. Kaliningrad hat sein Zentrum bewusst nicht auf der Insel im Fluss gewählt, sondern einen guten Kilometer weiter nördlich, wo der Spuk nicht mehr ganz so erschreckend ist.

Bis in die 60er Jahre war Königsberg wie ein kettenrasselnder Geist, nicht zu übersehen und irgendwie lästig, in Gestalt des zerbombten und ausgebrannten Domes auf der Pregelinsel, dem skelettartig heruntergekommenen alten Stadtschloss. Als

Oberapparatschik Leonid Breschnew zum Chef aller Russen wurde, war es eine seiner ersten Amtshandlungen, neben allerlei anderen Geistern auch den Königsbergs auszutreiben. So wurden die Ruinen trotz Streits und Protests gesprengt. Preußens Gloria – weg damit und zugeteert.

Sozialistisches Wohnen im ehemaligen Zentrum Ostpreußens – njet. Kneiphof sowie sein nördliches und südliches Ufer sind Parks und fast hübsch, gäbe es nicht tiefe Löcher und herausragende rostige Metallstücke im Gehsteig, die jeden zwingen, die Augen am Boden zu halten. Zu sehen gäbe es als Blickfang von nahezu allen Winkeln aus das Dom Sowjetos, das Haus der Räte, ein Hochhaus, das mit seiner Macht aus Stahlbeton darüber wacht, dass sich die alten Geister in seiner Umgebung auch ja nicht mehr regen. Allein, es ist selbst ein Spukhaus, seit 1970 steht es leer, stiert mit blinden Augen über eine kahl geschlagene Umgebung. Im Inneren stöhnen und knarzen die Untoten der Sowjetunion, klagen über den vergeblichen Versuch, aus Kaliningrad etwas Großartiges zu machen. Allein, es hört sie niemand, da der umgebende Zentralplatz mittlerweile mit einem Zaum abgesperrt ist.

Die Deutschen sind jedenfalls ausgetrieben und mit ihnen alles Deutsche, inklusive der Schrift, denn alles wird ausschließlich kyrillisch angeschrieben, auch über dem Portal der einstigen Kant-Universität, wo jetzt „Universitetska" steht. Kyrillisch, natürlich. In Kaliningrad kocht kein deutsches Restaurant mehr auf, kein deutsches Buchgeschäft verkauft Kant im Original, kein Krämer hat hinter seiner Theke selbst importierte Pfanni-Knödel und Schwartau-Marmeladen stehen. In den Tiefkühltruhen der Supermärkte liegen Pelmeni, in verschiedenen Großpackungsgrößen oder sogar offen zum selbst Abfüllen, in den Abteilungen mit den Dosengerichten stehen Borschtsch und Soljanka. Im Knabberregal gibt es baltischen Trockenfisch. Wenn schon exotisch, dann essen die

Kaliningrader Russen gerne beim Asiaten oder beim Litauer, „Brikas" heißt einer dieser Imbisse. Der serviert Zeppelinai, schiffchenförmige, fleischgeladene Geschosse aus Kartoffelteig.

Ein Hauch Sowjetunion weht noch durch die verkehrsgünstigen Hauptstraßen, die sich eitel Prospekt nennen, verwirbelt sich an den gelben Kvass-Tankwägelchen, vor denen die bekopftuchten Verkäuferinnen kauern, rüttelt an den rostigen Straßenbahnwaggons. Im Lebensmittelmarkt „Central Rynok" heult der Geist nur leise, denn die Berge von Äpfeln, die Körbe voller Kirschen, Trauben, Aprikosen, Dill und Erdbeeren, die glänzenden Kohlköpfe und Fleischtomaten, die Honiggläser, die zu Pyramiden aufgestapelten Würste, all das in seiner Üppigkeit ist so gar nicht sowjetisch. Nur dann und wann lugt der alte Geist hinter den Papierhäubchen der Verkäuferinnen hervor, wenn sie mit der bloßen Hand und missmutiger Miene in das Frischkäsefässchen fahren und die Käsekrümel in ein Plastiktütchen stopfen.

Doch nicht etwa aus der Oblast Kaliningrad, jener tapferen, immer noch russischen Exklave an der Ostsee, stammt die Fülle des Marktes, sondern aus Polen, Litauen und Weißrussland sind die Leckereien herangekarrt. Das behaupten zumindest die, die der alten UDSSR hinterhertrauern, da es für sie ein Früher bedeutet, in dem wirklich alles besser war. Die Felder um Kaliningrad liegen brach, seit Glasnost und Perestroika als Sturm über den Osten wehten. Noch stehen die Betonhallen der Kolchosen, aber ihre Fenster sind ebenso blind wie die des Dom Sowjetos, auf den Dächern nisten Störche. Als großes Grasmeer wogen gelbe und grüne Halme über das Land, als Schaumkronen schweben darüber lila Lupinen, von Horizont zu Horizont. In den Dörfern hocken die Männer mit Flaschen in der Hand vor windschiefen Häusern und stieren auf den Boden. Die Höfe der ehemaligen deutschen Bauern stehen als Ruinen zwischen den Hütten, weil hier nicht einmal ein

Bulldozer vorbei gekommen ist. Das Aussehen der bewohnten und der vor 60 Jahren verlassenen Katen hat sich erschreckend angenähert. Für den größten Teil des Landes ist seit der Wende kein Aufschwung in Sicht, sondern ein zweiter Niedergang.

Die Reichen aus Moskau sind in Dörfern, die einst Mülsen und Friedrichshof hießen, noch nicht gelandet, wohl aber auf der Kurischen Nehrung, in Swetlogorsk, das einmal Cranz war, und in Selenogradsk, das einst Rauschen hieß. Dort am Meer sind sie mit riesigen Luxusvillen zwischen den windschiefen Hütten und betonierten Sowjet-Erholungs-Bunkern aufgeschlagen, haben eilig Elektrozäune und monströse Absperrungen gepflanzt und davor noch junge Männer mit kahl rasierten Köpfen und stechendem Blick gestellt. Sotchi des Nordens darf sich Swetlogorsk inoffiziell nennen, heißt in Wirklichkeit aber „Grüne Stadt". Tatsächlich ein zauberhaftes Erholungsgebiet, wenn man aus Kaliningrad kommt. Der ganze Ort ist baumbeschirmt, das alt-sowjetische Kurhaus bröselt nur ein kleines bisschen und zwischen den Bäumen haben sich alte Kaiserzeitvillen vor den Geisterheeren der vergangenen 70 Jahre versteckt – wieder propper angestrichen, die meisten jedenfalls, und in den allermeisten Fällen bewohnbar. Eisverkäufer und Bernsteinhändler wetteifern mit Karussellbetreibern und Wurfbudenonkeln um die Rubel der mit der Elektritschka, der einstigen kaiserlichen Samlandbahn, angerollten Städter. Unterm Blätterdach sehen sogar die Sowjetmosaiken an den Betonwänden nett aus. Dabei ist das Meer oben im Ort noch gar nicht in Sicht. Eine breite Treppe führt zu Strand, Flanierpromenade und Lokalen. Das Grandhotel serviert Bier an ordentlich frisierte Herren in Echtlederjacken, Kaffeekännchen an Damen mit Gesundheitsschuhen. Mit Tupperdosen auf dem Sand sitzt nur, wer vom russischen Aufschwung erst wenig mitbekommen hat.

Und da ist es, wie eine Erscheinung, aber ganz leibhaftig zwischen Eisstand und dem altsowjetischem Fahrstuhlturm des

Militärsanatoriums, mit Coca-Cola-Schirmen und Paulaner-Leuchtschild: das Restaurant „Seestern". Das erste lebendige Deutsche, das sich in Ostpreußen finden lässt. Zwar spricht die Kellnerin kein Deutsch, wohl aber die Speisekarte. „Eisbein (geschmort oder gekocht)" bietet sie an, „Wiener Schnitzel, Pommes Frites und Gemüsesalat", „Jägerschnitzel", „Kassler" und „Königsberger Klopse". Was haben diese Küchenklassiker bloß an einem Ort verloren, der so tief in Russland liegt wie Swetlogorsk? Und doch ist der „Seestern" da, mitten im Leben, mitten an der Promenade, man kehrt dort als urlaubender Russe ein, bestellt Tee und Schnitzel und freut sich, dass heute alles ein bisschen besser ist. Die Klopse schmecken grauenhaft. Vom Liegen haben sie flachgedrückte Stellen. In der Sauce ist mehr Mehl als Sahne – und eine einzige Kaper. Dazu gibt's drei Bällchen Kartoffelpüree, ein welkes Ästchen Dill und einen Salat. Paulaner Bier ist aus, aber Steiger Bier aus der Slowakei ist im Angebot. Das Deutsche, es ist wirklich gründlich vertrieben worden aus Ostpreußen.

Vor einigen Jahren noch hätte die Geschichte über die Königsberger Klopse hier geendet, wahrscheinlich mit Zitaten von einem greinenden Greis aus der Abteilung Zeitzeugen, der über die verlorene Heimat jammert und dessen Frau natürlich das allerbeste Rezept für Königsberger Klopse von „drieben mitjebracht" hat. Ein Rezept mit Fisch im Fleischteig, „janz andert", als die Klopse, die Supermärkte und Kantinen auftischen. Wie die Original-Klopse schmecken, weiß kaum jemand, weil das Ostpreußische sogar in Bundesrepublikdeutschland nur noch ein Gespenst ist. Das Ostpreußische zog zusammen mit den Ostpreußen fort und ging, manchmal früher, manchmal ein paar Jahrzehnte später, in der Bundesrepublik Deutschland und zunächst auch in der DDR auf.

Während das Ostpreußische ging, kam erstaunlicherweise das Deutsche auf anderen Wegen nach Kaliningrad. Aus

Alma Ata in Kasachstan etwa zog 1992 Ljudmila an die Ostsee. Russlanddeutsche, aber keine Ostpreußin. Im März 1993 eröffnete sie zusammen mit anderen deutschsprachigen Müttern aus Sowjet-Gebieten einen deutschen Kindergarten. Sie unterrichtet Deutsch an einem Gymnasium, spielt mit den Schülern Theater auf Deutsch und arbeitet zusätzlich als Rezeptionistin in der evangelischen Kirche von Kaliningrad. Denn auch die gibt es noch, obwohl fast alle evangelischen Ostpreußen vertrieben wurden. Auch der Deutsche Viktor, der Wirt des „Seestern" und letzter Hüter der Klopse, ist kein Ostpreuße, sondern kam in den 90ern von der Wolga an die Ostsee, sagt Ljudmila. Die deutsche Gemeinde Kaliningrads ist mit den vielen Neuankömmlingen groß genug, dass es ein „Deutsch-Russisches Haus" gibt, sehr schön, fast nobel an einem kleinen See im Osten der Stadt gelegen und von einem privaten Wachdienst betreut. Hier dürfen die deutschsprachigen Kinder zum Sprach-Sommerlager und die Alten zum Sprach-Stammtisch kommen, oder es erzählt ein deutschsprachiger Russe in einem Vortrag etwas über Kulturgüter als Opfer von bewaffneten Konflikten.

„Unsere Kathedrale" nennt Ljudmila die brandneue und immer noch nicht ganz fertige, aber mit goldenen Kuppeln glänzende, orthodoxe Kirche am ebenso neuen Hauptplatz, dem „Platz des Sieges", dessen Name offen lässt, wer denn Sieger ist. Vermutlich sind es der Kapitalismus und die neue, baltische Identität von Kaliningrad. Natürlich weht die russische Fahne über dem immer noch streng sozialistisch geschminkten Rathaus, aber nebenan, im noch von den Deutschen gebauten Prachtbahnhof, wo heute die Elektritschka in die Seebäder losbummelt, hocken die internationalen Finanzdienstleister. Im „Europa-Center", mit dem „Mega-Zentr" und anderen mehr oder weniger edlen Shoppingbuden eines der beliebtesten Ziele im neuen Zentrum, wird ganz deutlich, dass Europa Konsum bedeutet und Marken, auch wenn die vielleicht sogar schon wieder aus Amerika kommen oder allesamt in Indien und China fertigen lassen. Im „Europa-Center" ist das Deutsche so selbstverständlich wie alles andere, das schön ist, wertig und für die Russen unheimlich viel Geld kostet. Puma, Adidas, Esprit, Tamaris, da sind sie alle, aber es ist davon auszugehen, dass die wenigsten Kunden im „Wrangler-Store" wissen, dass die gar nicht weit entfernte Uliza Chernjachowskowo früher Wrangelstraße hieß, wie in Stadtplänen für deutsche Sehnsuchtstouristen verzeichnet ist, benannt nach einem alten baltischen Aldelsgeschlecht. Nur die allerwenigsten werden zudem gut genug Englisch können, um zu wissen, was „Wrangler" im Jeansland Amerika eigentlich bedeutet, nämlich Cowboy.

Das Deutsche ist heute zugleich Dämon der Vergangenheit und Geist der Verheißung, und als letzterer ausgesprochen willkommen. Wenn auch noch keine Firma gewagt hat, Königsberger Klopse als Fertiggericht nach Kaliningrad zu exportieren, so sind die Regale der hochpreisigeren Supermärkte dennoch vollgestopft mit teutonischen Produkten. Keiner fürchtet, hinter all den Nivea Gesichtspflegeprodukten, den Schachteln mit Reber-Pasteten, den Löwenbräuflaschen, Persil-Paketen, den Lorenz-Chips und Hunde-Schmackos könnten die Trolle des Revisionismus hervorlugen. Hackfleischklopse? Heißen jetzt Kotaeti Cotschyie und werden in der Pfanne gebraten. Eine Bier- und eine Wodkafirma haben dafür Produkte unter dem Namen „Königsberg" herausgebracht. Eine junge HipHop-Gruppe nennt sich zukunftsweisend „König City Breakers". Das sind keine Geister, sondern ihre Abbilder, nämlich so, wie die Kaliningrader die alten Geister sehen wollen. Harmlos, konsumierbar, in leuchtenden Farben und möglichst modern. Genau in diesem Stil haben sie eine Häuserzeile namens „Fischerdorf" direkt am Pregel gebaut. Die Häuser sind bonbonfarben, das grobe Fachwerk ein nicht getarntes Fake, aber der Spielplatz ist groß, ein Café gibt es und eine Touristeninformation, die meistens geschlossen ist. Die

Kaliningrader finden dieses aufgebaute Stück Alt-Königsberg spitze, es ist Erinnerung und Zukunft zugleich – und völlig geisterfrei, weil sie es sich selbst gebaut haben. Da mögen die Konservatoren und Historisierer der internationalen Stadt-Wiederaufbauer-Szene noch so laut heulen und zähneklappern.

JAFFA CAKES

Warum Tel Aviv von oben bis unten nach Orangen riecht

Die Sonne steht schon tief, daher leuchtet der Strand von Tel Aviv besonders golden und die ansonsten betonweißen Hotelhochhäuser haben einen versöhnlichen Sepia-Ton angenommen. Es ist die Stunde, in der junge Tel Aviver aus den Büros kommen und sich an den Strand setzen, sich eine Wasserpfeife oder ein Bier genehmigen. In der junge Mädchen nach den knackigen Volleyballspielern vor dem „Hotel Dan" Ausschau halten und reifere, einsame Mädchen ihren Hund am Wasser spazieren führen, leise hoffend, angesprochen zu werden. Denn es ist auch die beste Stunde, um eine Begleitung für den Abend kennen zu lernen, egal wie alt man ist und wie man aussieht. Der durchtrainierte Soldat mit den schwarzen Locken flirtet mit der blassen, übergewichtigen Touristin, der Rentner in den roten Badeshorts wirft sich in Pose, wenn eine Gruppe amerikanischer Schülerinnen ihn bittet, ein Erinnerungsfoto von ihnen im Bikini zu knipsen, und eine Familie bringt zu jedem Sonnenuntergang ihren behinderten Sohn an den Strand, der dann kreischend in den Wellen hüpft und, bevor die Sonne ganz weg ist, vom Papa trocken gerubbelt wird. Die Stunde vor dem Sonnenuntergang ist der Angelpunkt des Tel Aviver Tages, denn die Hitze hat sich schon hinaus ins Universum verzogen, die Arbeit ist vorbei, und die Nacht, in der getanzt und im Restaurant beisammen gesessen wird, ferngesehen oder die

Tante besucht, hat noch nicht begonnen. Der Morgen ist eine ganze Generation weit weg. Nie ist das Leben in Tel Aviv so federleicht und wunderbar wie in dieser Stunde.

Fünf Kilometer weiter südlich, in Jaffa, ist es genau umgekehrt. Wenn hier die grünen Lichter der Minarette zum abendlichen Gebetsruf aufleuchten, herrscht in der Altstadt Hochbetrieb. Man erwacht aus der Siesta, die wegen der Klimaanlagen eigentlich längst überflüssig geworden ist, und summt und brummt durch die Gassen. Der Stau ist nur morgens, wenn die Leute zur Arbeit fahren, ebenso heftig: Eine dicke, nervös hupende, endlose Autoschlange drückt sich durch die schmalen Straßen, es wird aus heruntergekurbelten Fenstern geschimpft, Fußgänger suchen sich ihren Weg, Mofas pflügen durch die Massen. Wer am geparkten Wagen seinen Seitenspiegel nicht freiwillig einklappt, hat hinterher keinen mehr. Während die Besucher vom Altstadthügel aus die Aussicht auf die nunmehr honigfarbene Skyline von Tel Aviv bewundern, den Fischer- und Kanonenbooten auf dem Meer hinterher schauen und über den Platz vor der alten Kirche flanieren, geht es für die Bewohner von Jaffa ums Ganze, nämlich den Einkauf für das Abendessen. Jetzt, sofort, denn wer den halben Tag getrödelt hat, will zumindest wenn's ernst wird, keine Zeit mehr verlieren. Aus den dünnen, raschelnden Plastiktüten, die sich in Rudeln um die Handgelenke der Einheimischen ballen, ragen Lauchstangen, Büschel frischer Kräuter, und sehr große Sesam-Gebäck-Kringel. Die meisten Geschäfte sind natürlich in der hektischsten Straße, durch die sich die Autos besonders intensiv hupend schieben, wo röhrend Gas gegeben und keifend für die Fußgänger abgebremst wird, und an deren Ende sich die Geister scheiden. Wohin soll es gehen, am Kreisverkehr mit dem alten Uhrturm? In die seit 4000 Jahren bewohnte Altstadt von Jaffa? In die Neustadt, wo hauptsächlich Araber leben und arbeiten – oder doch zurück nach Tel Aviv, der strebsamen Pionier-Siedlung, die sich in nur einem Jahrhundert von ein paar Hütten in den Dünen zur

Metropole aufgeschwungen hat und so anders ist als das kleine Nachbardorf Jaffa, das Tel Aviv inzwischen umwachsen hat wie ein Baum manchmal eine Madonna umschließt, die jemand in einem Astloch aufgestellt hat?

Seit biblischer Zeit war Jaffa der große Hafen der Gegend, dann geschlagen von Caesarea, das die Römer weiter nördlich anlegten, und später von Akko, dem Kreuzfahrerhafen, durch den die Eroberer und Glücksritter hinein und die Schätze des Landes mit den Gescheiterten und den reich Gewordenen hinaus geschleust wurden. Früher aber führte kein Weg vorbei an Jaffa, man nannte es Joppe, Yapu und Jafo, baute Mauern gegen die Feinde aus Ägypten, wurde dennoch von Ägypten erobert, bis dann eines Tages die Israeliten vorbeikamen. Noahs Sohn Jafet war der erste, der sich auf dem Felsen an der Küste niederließ, und Plinius wusste noch genau wann: Vierzig Jahre nach der großen Sintflut. Seitdem hat Jaffa viele Gäste und Eroberer kommen und gehen sehen, Phönizier und Philister, Römer und Ägypter, Richard Löwenherz und Saladin, Osmanen und Briten. Geblieben sind die Israeliten, die Araber und einige Christen. Sie alle haben ihre eigenen Sitten mitgebracht und Spezialitäten aus aller Welt, die in den kleinen Lokalen von Tel Aviv und Jaffa nun allen schmecken, die schon da sind, die gerade kommen, eben gehen wollen oder nur einmal vorbei schauen. Im 16. Jahrhundert brachte jemand eine exotische Pflanze mit, eine Art Apfel mit ziemlich harter Schale, der aber ziemlich gut wuchs und ziemlich lecker und erfrischend war, zumal in der Hitze ohne Klimaanlage.

Diese Orangen fand auch die Tempelgesellschaft, eine christliche Sekte, lecker, die sich 1871 auf dem kleinen Landgut Sarona nördlich des arabischen Hafens festsetzte und allerlei Pflanzen anbaute und weiter verkaufte. Das Markenprodukt „Jaffa Orange" war ihre Spezialität und als solche verkauften sie die Frucht nach Europa. Als die Engländer wenig später vorbeikamen, war es aus mit der kleinen Siedlung, sie wurde geräumt, geplündert und zerstört. Aber die Araber und Juden verzichteten nicht auf die Zitrusfrucht und bauten sie weiter an – denn auch den englischen Besatzern schmeckte die Frucht.

Wie überhaupt alle Geschichten aus dem Land, das heute Israel heißt, kann man auch die mit der Orange ganz anders erzählen. Dann geht sie so: Wie die hebräischen Schriftgelehrten überliefern, waren es die alten Makkabäer, die als erste Zitrusfrüchte in Jaffa anbauten. Damals in Jaffa, zur Römerzeit in Caesarea. Die arabischen Eroberer brachten die Baladi-Frucht mit, eine Bitterorange, als erste einer ganzen Invasion von Orangensorten in den kommenden Jahrhunderten. Die Früchte wurden in den Gärten von Jaffa so gut gehegt und gepflegt, dass schon Napoleon die Qualität der Jaffa-Orangen pries und sie eine Zierde der europäischen Aristokraten-Tafeln wurden. Die moderne Jaffa-Orange, eine Mutation der Baladi-Frucht, wurde zum Exportschlager des 19. Jahrhunderts. Es waren die zionistischen Pioniere, die in Petah Tikva bei Jaffa und unweit des späteren Tel Aviv die erste moderne Orangenplantage anlegten und damit die Lebensgrundlage für die ersten Siedler legten. Die Briten waren die besten Kunden. Fünfundsiebzig Prozent des Exportes aus dem Land im Osten des Mittelmeeres waren Zitrusfrüchte.

Weil die Engländer, wie meine Erfahrung lehrt, gerne Süßgebäck essen, erfanden sie dann auch schnell den Jaffa Cake, einen zarten Bisquit-Kreis, mit kräftigem Orangen-Gelee belegt und mit knackiger Schokolade überzogen. Er hat nur die Größe eines Kekses, ist aber dennoch ein Kuchen, entschied ein britisches Gericht 1991. Wegen seines für einen Keks viel zu hohen Feuchtigkeitsgrades, was eigentlich egal wäre, wenn im britischen Handel Kekse und Kuchen nicht mit einem unterschiedlichen Mehrwertsteuersatz belegt wären. Kuchen – in England Grundnahrungsmittel – ist steuerfrei. Das finden die Keks-, hoppla, Kuchenfabriken, deren größte im Jahr 750 Millionen Jaffa Cakes produziert, natürlich fein.

Während des Zweiten Weltkrieges wollte niemand Obst aus Israel haben – da sind sich alle Geschichten überraschend einig. Danach aber wurde die Orange wieder gerne gegessen. Die Briten zogen aus dem Mittleren Osten ab, die Israeliten und Araber hatten das Heilige Land wieder für sich, und verkauften weiter ihre Orangen in die ganze Welt. „Jaffa" ist heute ein eingetragenes Markenzeichen für Früchte, und jedes Jahr wird eine Million Tonnen der leckeren Frischmacher geerntet – fünfundachtzig Prozent davon gehen ins Ausland. Aber auch in den Supermärkten im ganzen Land liegt das Obst mit dem kleinen grünen Aufkleber „Jaffa".

Man könnte die Geschichte noch einmal ganz anders erzählen, so ähnlich wie die mit dem kleinen Bären und dem kleinen Tiger, die eine leere Bananenkiste mit der Aufschrift „Panama" im Fluss finden und beschließen, dass Panama ein Land ist, das von oben bis unten nach Bananen riecht. Sie ziehen los, um es zu suchen, laufen im Kreis und entdecken schließlich ihre alte Heimat neu, ohne es zu merken, beziehen in trauter Eintracht ihre alte, inzwischen leicht ramponierte Hütte, renovieren sie und genießen das Leben. Die Heimat riecht zwar nicht nach Bananen, aber sie ist perfekt für die beiden unterschiedlichen Charaktere. Janosch, der Autor dieser Geschichte, findet: „Jeder lebte schon immer im Paradies, er hat es nur nicht gewusst."

In der Stunde vor Sonnenuntergang riecht es in Jaffa genauso wie Tel Aviv: Nach Auspuff, nach heißen Snacks aus den Imbissbuden und ein wenig nach Strand und Meer. Ziemlich paradiesisch also, und doch sehr heutig. Und in der Stunde vor Sonnenuntergang ist der Lebenslust-Pegel in beiden Orten gleich hoch.

JAFFA CAKES

Auch in der Bäckerei von Said Abouelafia in der Ladenstraße von Jaffa ist Hochbetrieb. Von hier kommen all die Rascheltüten mit den Sesamkringeln, den Fladenbroten, den kompakten Brötchen mit der Knusperrinde. Der Geruch des frischen Brotes weht so intensiv aus der Backstube, dass er die Auto- und Mopedabgase überdeckt. Die Backstube ist nach vorne zur Straße offen, es gibt keine Tür, sondern ein Verkaufstresen über die ganze Breite des Ladens erstreckt sich direkt am Gehsteig entlang. Verkauft wird direkt von den Blechen weg, und nur, was nicht sofort über den Tresen geht, wird in kleinen Vitrinen aufgestapelt. Der Ruf der Bäckerei von Jaffa reicht sogar noch weiter als der Duft des frischen Gebäcks, der immerhin die ganze Straße erfüllt. Jeder, der einmal eine Nacht in den Clubs von Tel Aviv durchgefeiert hat, erzählt „vom Bäcker in Jaffa". Wer vom Tanzen erschöpft ist, landet unweigerlich am Strand und wandert wie magisch angezogen nach Süden, wo ihn in der Morgendämmerung eben jener Duft nach Brot empfängt. Er wird sich bei Said Abouelafia und seinen Söhnen die erste Mahlzeit des neuen Tages holen, die vielleicht nicht den Kater vertreibt, aber zumindest neue Kraft gibt, um die Bushaltestelle zu finden oder sogar zurück zu wandern, wieder auf die weißen Hochhäuser zu. Ach, der Bäcker in Jaffa ... so seufzen die ehemaligen Austausch-Studenten und Urlauber, die Club-Gänger und auch die Rucksack-Traveller, die am Strand übernachtet haben.

Ein Vater hat seinen Sohn auf die Schultern genommen, damit der sich aussuchen kann, was gekauft wird, Frauen mit Kopftüchern drängeln sich ebenso am Tresen. Seit 1879 geht das schon so, verrät das Schild über der Backstube. Die beleuchteten Glasmosaike mit Kamelen und Beduinen verweisen auf die noch viel ältere Tradition des Arabischen an der östlichen Mittelmeerküste. Es dauert, bis man ganz vorne ist, und der Hunger wird größer, wenn man nur noch eine Glasscheibe von den Spezialitäten entfernt ist. Trotzdem, Zeit für ein Experiment ist immer: „Einen Jaffa-Cake, bitte!" Der junge Verkäufer hat für Firlefanz keine Zeit. „WAS?", fragt er scharf, als hätte er nicht verstanden. „Jaffa-Cake!" – „Ja, hier, alles Cakes, alles Gebäck! Was wollen Sie denn jetzt?!? Süß? Oder mit Käse? Sesam?"

Entweder, er hat den Spruch schon tausendmal gehört, oder die maschinell gefertigten Kekse aus dem Supermarkt liegen seinem Geist so fern, dass er nicht im Traum darauf kommen würde, jemand könnte sie bei ihm bestellen, wo er doch der Herr über all die Fladen und Kringel, die gefüllten Teigtaschen und verführerisch glänzenden Süßwaren ist. Das ist unglaublich erfreulich. „Geht das nicht schneller?", schimpft ein alter Mann von hinten, der schon einen kleingerollten Schein in der Hand hat. „Dann bitte einmal Samosa mit Pizzafüllung ohne Schinken, zweimal Pita mit Zatar und einmal Sesambrot." Zack, ist alles in der Rascheltüte und der knurrige Alte ruft schon seine Bestellung über den Tresen.

Es ist längst dunkel, als der Stau nach Tel Aviv das Auto endlich wieder frei gibt. Da duftet es schon im ganzen Wagen nach frischem Brot, Kräutern und Käse. Israel riecht nicht von oben bis unten nach Orangen, nicht einmal der kleine Ort Jaffa, und Jaffa Cakes gibt es auch nicht. Aber, genau deshalb: Oh, wie schön ist Israel!

SHERRY

SHERRY

Treibstoff für die Motorrad-Fiesta in Andalusien

Jerez de la Frontera ist eine gähnend fade Stadt mitten in Andalusien. Im Sommer ist dort eine riesen Hitze, so dass alles Gras zu gelbem Pulver verdorrt, im Winter ist dort gar nichts, und im Frühjahr ist die große Neuigkeit, dass die Störche angeflogen kommen um ihre Nester zu bauen. In Jerez gucken Fuchs und Hase zu, wenn am Mini-Flughafen die Chartermaschinen direkt vor die Terminalhütte fahren, die Türen aufklappen und die Gäste dann einfach über den Platz ins Gebäude tapern. Vor der Tür setzen sie sich in ihre Mietwagen und kommen erst wieder nach Jerez, wenn der Charterflieger sie nach Hause bringen soll. Falls sie dann überhaupt in Jerez Zentrum waren, können sie von jeder Menge Flachbungalows berichten, einer unbedeutenden Kathedrale, einem ebenso unbedeutenden Schloss. Geschwärmt wird von Sevilla, von Cadiz, von Granada, Cordoba und Málaga, alles locker in Auto-Reichweite. Aber Jerez? Kann man getrost vergessen.

Damit das nicht so bleibt, denkt sich Jerez einiges aus: Ein jährliches Flamencofestival gibt es zum Beispiel, ein Pferdefestival und ein Herbstfestival ohne besonderes Thema. Nur einmal im Jahr ist in Jerez wirklich etwas geboten, wenn auf der Rennstrecke Circuito de Jerez, weit außerhalb der Stadt, Moto GP gefahren wird. Früher war sogar die Formel 1 mit einem Rennen dort zu Gast, jetzt sind es noch die Motorräder, die dort ihre Meisterschaftsrunden drehen. Wenn das Wochenende des „Großen Preis von Spanien" ansteht, rollen Biker zu Hunderttausenden aus Spanien, Frankreich und Portugal herbei, um Teil dieses Spektakels zu sein. Nicht jeder hat überhaupt eine Eintrittskarte für die Vorläufe und Rennen in der 125er, 250er und Moto-GP-Klasse. Am Renntag an die Strecke zu kommen ist ohnehin nicht leicht, denn auch Autofahrer wollen das Rennen sehen. Da ansonsten in Jerez nichts los ist, ist die Polizei jedes Jahr wieder heillos überfordert von dem Ansturm. Manchmal kommen nicht einmal mehr Motorräder durch. Kilometer- und stundenlang staut es sich durch die andalusische Pampa. Wenn man dann mal da ist, an seinem Platz an der Strecke, sieht man aus ordentlicher Distanz sehr bunte, sehr laute Motorräder sehr schnell die Kurven kratzen. Man muss Glück haben, wenn man eine Videoleinwand im Blick hat, auf der Standings und Rennergebnisse angezeigt werden. Besser man hat einen Taschenfernseher dabei oder eine der seltenen Karten für die VIP-Lounges über der Start- und Zielgerade. Da fast keiner etwas davon hat, entwickelt das Rennwochenende seine eigene Dynamik, wird zum Motorradfest anlässlich des großen Rennens. Laute Partymusik spielt auf der Fanmeile vor der Strecke, schon während morgens die 125er ihre Rennrunden drehen, wird dort getanzt und ordentlich Cerveza gepichelt. Auf den Campingplätzen rund um die Strecke liegen palettenweise leere Bierdosen, vor den Zelten sitzen entsprechend rotäugige und bleichgesichtige Zombies, die noch überlegen, warum sie da sind, wegen des Rennens oder wegen der Party.

Auf dem Campingplatz und an der Strecke ist jedoch alles nur Vorglühen für den Abend. Da rockt Jerez und sogar noch der Nachbarort El Puerto de Santa Maria, in dem ansonsten ganzjähriges Schlummern angesagt ist. Tausende strömen auf die Straßen, um entweder ihr eigenes Motorrad vorzuführen oder zumindest den schicken, papageienbunten Lederkombi, oder aber um Motorräder und Menschen in Lederkombis zu bestaunen. Die schmalen Straßen sind voller Fußgänger, aber die Mopeds fahren trotzdem in die Menge, es wird begeistert und respektvoll Platz gemacht. Den meisten Applaus bekommt derjenige, der die Maschine am effektvollsten aufheulen lässt. Als Held gefeiert wird jeder, der einen Burnout wagt, den Reifen so lange durchdrehen lässt, bis er völlig auf die Straße radiert ist und die Menge in einer beißenden Wolke Gummidampf steht. Dafür gibt es großen Jubel und Schulterklopfen. Alle Lokale sind rappelvoll, auf manchen Tischen wird spät in der Nacht getanzt. Viele Wirte haben einen provisorischen Straßenverkauf eingerichtet, an dem es Gambas gibt und Bier aus Plastikbechern. Leergefutterte Gambaspanzer und zerknüllte Becher liegen haufenweise in jeder Ecke. Mancher klettert auf einen Laternenmasten und schüttet aus Jux einen ganzen Becher voll über die tobende Menge. Viele Männer sind da, aber auch Frauen, schöne Frauen. Die sind aber angesichts der geballten Maschinenmacht an diesen Abenden uninteressant. Die bierseligen Kerle schwärmen von der erotischen Ausstrahlung, die so manches Motorradheck für sie entwickelt. Der Motorradcorso reißt nicht ab, kommt aber auch nicht wirklich voran, es wird geschubst und gerempelt, gejubelt und gekreischt, und wer vor lauter Bier und Begeisterung kotzt, versucht bloß keine der teuren Maschinen zu treffen.

Die Ordnungskräfte beugen sich der feiernden Meute, sie kapitulieren und gucken in die Luft. Die ganze Nacht vor dem Rennen geht das so. Wenn dann doch ein paar Leute nach Hause gegangen sind, haben die Maschinen mehr Platz, heulen die Motoren um so lauter auf, werden Runden gedreht mit Wildfremden auf dem Sozius, Donuts gefahren, Wheelies vorgeführt. Es ist ganz und gar großartig, besonders weil es kein organisiertes Volksfest ist, sondern weil die Leute einfach machen, worauf sie Lust haben. Keiner erklärt, dass das so oder so nicht ginge. Dass es eigentlich nicht geht, was da passiert, weiß jeder, aber weil es eben doch geht, ist die Stimmung so ausgelassen wie auf einem Piratenschiff, das gerade eine Goldfregatte gekapert hat.

Wer zwischen Mitternacht und Morgen noch einen Absacker an einer Bar haben möchte, macht den Fehler seines Lebens, wenn er einen Sherry bestellt, das weltberühmte Getränk, das aus Jerez kommt, nach Jerez benannt wurde, und das keiner mit Jerez in Verbindung bringt, erst recht nicht die Gäste und Wirte auf der Partymeile. „Das wollen sie nicht trinken", sagt der Barmann, „Sie wollen einen Brandy", und er spricht es nicht englisch „Brändi" aus, sondern mit einem tiefen, gefährlichen A und einem noch gefährlicher rollenden R. „Brrrandi". Er hat recht. Nach einem Qualifying-Tag und einer röhrenden Partynacht, was passt besser als ein scharfer und doch vollmundiger Weinbrand, der den Mund von Gummipartikeln reinigt und für die nackten Gambas im Bauch ein kleines Feuer anzündet.

Am Montag Morgen ist der ganze Zauber wieder vorbei. Die Motorradfahrer machen sich mit eingezogenen Köpfen und leise surrenden Maschinen auf den Heimweg. Jerez versinkt wieder in der Langweiligkeit. Jetzt, wo man nicht mehr auf die Strecke gespannt ist oder die anstehende Party, ist das Auge gerade offen genug, um die vielen, vielen Sherrykeltereien entlang der Straße zu begutachten. Alle bekannten Namen stehen da an niedrigen, schmucklosen, eher industriell wirkenden Lagerhäusern: Sandemann, Tio Pepe, Osborne, Domeq, Dry Sac haben hier ihre Hauptquartiere. Auf den gelb verbrannten Hügeln neben der Autobahn stehen als meterhohe eindimensionale Skulpturen die Wappentiere der Keltereien, in schwarzem Blech kilometerweit sichtbar: Die Flasche mit dem Hut, der Mann mit dem Mantel, der Bulle. Sherry. Wenn in

SHERRY

Jerez einmal im Jahr das Leben tobt, ist der Süßwein vergessen, genauso wie der Flamenco und die dressierten Pferde. Dann gibt es Bier und Brandy, den mit dem Stier, und die wildeste Party Andalusiens.

Den ganzen gähnenden Rest des Jahres rührt man dort dann artig Süßwein zusammen, füllt Süßwein in Fässer, füllt Süßwein in Flaschen und verkauft ihn am Ende der Handelskette dann an niederländische und englische Rentner. Oder Pauschalurlauber in Málaga, die zwar Mühe haben, am Strand ein Málaga-Eis mit Wein und Rosinen zu finden, für die aber der Süßwein wirklich niemals ausgeht. Genau diese träumen dann an verregneten Tagen in ihren geblümten Wohnstuben vom Feuer des Südens und vom Temperament der Spanier, von einer endlosen Fiesta in der Sherrystadt Jerez. Wenn die wüssten ...

WIENER WÜRSTEL

Kalb oder Schwein, Kaiserliches und Sauereien

„Ich hätt' gerne eine Eitrige mit einem Buckel, einem Kinderschiss und einem 16er Blech." Für diese Bestellung bekommt man an keinem Ort der Erde etwas zu Essen. Außer an einer beliebigen Imbissbude in Wien. Aber auch nur dann, wenn man Wiener ist und die Bestellung im Originalakzent an einer Würstelbude aufgibt. Spricht man sie in irgendeiner anderen österreichischen, schweizerischen oder, Gott bewahre, deutschen Klangfarbe aus, bekommt man nicht nur nichts zu essen, sondern wird des „Pflanzens wollens", also der Verarschung bezichtigt, als „Piefke, greisliger" identifiziert, der sich „zupfen soll". Keine gute Idee also, denn das Benutzen ordinärer Ausdrücke ist in Wien ausschließlich den Wienern vorbehalten und sie verteidigen ihr Heimatprivileg nicht nur, sondern kultivieren es geradezu, um den Gästen zu zeigen, wer der Herr im Haus ist. Schimpfen und beschimpfen, die Welt und Umwelt mit der eigenen Sprache ins Ekelhafte, ins Abstoßende zu ziehen, darin sind die Wiener ungeschlagen. Aber auch in der unterwürfigen und daher brandgefährlichen Form der Höflichkeit im tatsächlichen Sinn des Höfischen: Etwas katzbuckelig, gerne mit hinter dem Rücken gekreuzten Fingern vorgebracht. In diesem, und bitte nur in diesem, Code hat der Gast zu sprechen, während der Wiener fluchen und schimpfen und sauen darf, wie es ihm gerade gefällt. So hat der Gast an der Imbissbude folgendermaßen zu bestellen:

„Bitte, ich möchte sehr gerne eine Käsekrainer mit einer Semmel, mit einem Klecks süßem Senf und einer Dose Ottakringer Bier." Das Getränk heißt 16er Blech, weil die Traditionsbrauerei im 16. Wiener Gemeindebezirk liegt; der Rest erklärt sich von selbst, wenn das Gericht auf dem Pappteller liegt.

Einen noch größeren Fehltritt erlaubt sich allerdings, wer am Würstelstand ein paar Wiener bestellt. Dann lieber Eitrige mit 16er Blech verlangen, denn auch wenn alle Gäste rund um den Stand Wiener Würstel verzehren, niemals, niemals, darf man sie bestellen. Knurren und fauchen ist noch die mildeste Reaktion der Standlbetreiber. Im ärgsten Fall wird man mit einem Hagel von wilden Flüchen davongejagt, und das umso wahrscheinlicher, je weiter sich der Stand von den Touristenmeilen entfernt befindet. Einen Hotdog darf man bestellen, zumal am berühmten Stand direkt an der Oper, ein Würstel, einen Knacker, eine Bockwurst gar (für deren Bestellung es wiederum in Bayern Beschimpfungen hageln würde), aber niemals ein Wiener Würstel. Wer es richtig machen will und seinen Snack mit einem angemessenen Katzbuckel über die Theke gereicht bekommen möchte, der bestellt Frankfurter Würstchen mit Senf.

Das liegt keineswegs daran, dass die Wiener ein Problem damit haben, ihre schöne und auch kulinarisch hochwertig bestückte Stadt mit profanen Lebensmitteln in Verbindung zu bringen. Das Wiener Schnitzel etwa lacht von der Speisekarte jedes wienerischen Lokals. Die Schnitzel müssen „so groß sein wie Abortdeckel und so fein wie Futlapperl", formulieren die Wiener mit ihrer einzigartigen Attitüde: Sie müssen so groß sein wie Klodeckel und so zart wie Schamlippen. Wiederum ist nicht zu empfehlen, diesen Satz als Nicht-Wiener auszusprechen, auch wenn er zu jenen Sätzen gehört, die sich für den Rest des Lebens im Gehirn festsetzen. Man möchte nicht an ihn denken, tut es aber trotzdem, wenn das Gericht dann vor einem steht. Das ist genau so wie mit der Feststellung, das „Calamari Fritti" auf

Deutsch „Frittierte Arschlöcher" sind, ein Bild, das unglaublich gut zu Wien passen würde, aber ihren Ursprung in teutonischen Betriebskantinen hat. Ordinär zu sein ist, auch wenn diese Tatsache den Wienern vielleicht nicht schmeckt, weder ihre Erfindung noch ihr Monopol, obwohl sie alles tun, um darin Weltmeister zu werden und dabei nicht einmal vor ihrem berühmtesten Gericht Halt machen.

In Wien hat die populäre, lokale, einzigartige und gerne auch vulgäre Ausdrucksweise einen Namen: Schmäh. Nicht zufällig kommt sie von schmähen, also Dinge schlechtreden. Ein guter Schmäh ist ein guter Spruch, und wer ihn auf den Lippen hat „tut Schmäh führen". Wenn beim Bier der Schmäh rennt, also ein pointierter, einzigartiger Spruch dem anderen folgt, ist die Stimmung „Hammer", wie der Piefke es im vergleichbaren Code sagen würde. Schmäh ist aber nicht einfach Gerede. Schmäh kann auch eine Lüge sein, eine Münchhausengeschichte. Wer etwas Unglaubliches berichtet, dem wird geraten, doch bloß nicht solchen Schmäh zu erzählen. Da die Wiener aber Meister sind im Schmäh führen und oft mit ihren Geschichten durchkommen, ist der Schmäh in letzter Konsequenz auch ein Trick, ein Kniff, ein Winkelzug. Dies zu begreifen braucht es intensiven und daher auch gelegentlich schmerzlichen und demütigenden Kontakt mit Wienern. Die Ehre, ihren Schmäh auch anerkannt führen zu dürfen, kann sich kein Fremder jemals erarbeiten, schon allein deshalb nicht, weil er stets eine innere Distanz zur wienerischen Seele behalten wird, was sich daran zeigt, dass er immer eine Millisekunde zuckt, wenn jemand Fisolen statt grünen Bohnen kauft, statt Tomaten Paradeiser oder zehn Deka Extra statt hundert Gramm Kalbfleischwurst. Denn dass ihm etwas als Wienerisch angerechnet wird, verzeiht der Wiener nicht. Er kennt nur Selbstverständlichkeit.

Wenn überhaupt ein Wiener dieses Kapitel bis hierher gelesen hat, wird er spätestens jetzt weiterblättern, denn nun geht es um Klischees und Lokalkolorit, zwei Begriffe, die er hasst, weil die Fremden dies an Wien lieben und er selbst damit nichts zu tun haben will.

Tatsächlich aber lebt Wien, und das können die Wiener so lange und mit dem besten Schmäh der Welt bestreiten, wie sie wollen, von seinen Klischees. Da wird ein unglaubliches Gedöns gemacht um die Kaffeehauskultur, um die Kaiserin Sisi und ihre Paläste, die Sachertorte, die Habsburger, den Opernball, die Fiaker, das Burgtheater, den Heurigen, die Würstelstände, die Torten beim Demel und die Manner-Schnitten. Um das Morbide – gleich mehrere Museen, von der Pestgruft im Stephansdom, der mumiengefüllten Michaelergruft über das Bestattungs- und Kriminalmuseum bis zur Anatomischen Sammlung, stellen Leichenteile aus. Würden all diese Dinge mit einem Schlag aus der Stadt verschwinden, bliebe von ihr vor allem museale Prachtbauten. Um noch eins draufzusetzen steht auf dem Parkplatz vor dem Zentralfriedhof ein Würstelstand, dessen Betreiber besonders unfreundlichen Schmäh führt und selbstverständlich keine Wiener Würstel verkauft. „Wolln's a Eitrige?", fragt er statt dessen, klatscht ohne die Antwort abzuwarten eine fetttriefende, seit viel zu langer Zeit auf der Grillplatte liegende Wurscht in ein Vortagsbrötchen.

Es geht aber auch anders, nämlich im Code der Wiener Freundlichkeit, auf den in gepflegten Lokalen viel Wert gelegt wird. „Küss die Hand" hört man zwar nur noch selten, aber „die Dame, der Herr", und „sehr gerne", auch wenn eben nur ein Bier bestellt wurde. Besonders viel Freundlichkeit und besonders gute Schnitzel bietet der „Figlmüller", den wirklich nur jene Wienbesucher als teure Touristenklitsche schmähen, die nur einmal im Leben drei Tage Stadtbesichtigungstour gebucht haben. Morgens das Sisi-Museum in der Hofburg, nachmittags Schloss Belvedere und am frühen Abend den Stephansdom – ohne dabei Wien zu hören, zu fühlen, zu schmecken.

Des Figlmüllers Fluch und Segen ist seine Lage in der Wollzeile, mitten im Zentrum, und sein Ruf für sein ausgezeichnetes Schnitzel. Aber es ist wirklich, wirklich ausgezeichnet. Das Lokal ist von jedem anständigen Innenstadthotel aus gut zu Fuß zu erreichen, weshalb natürlich viele Gäste von außerhalb da sind, aber auch ebenso viele Wiener. Figlmüller hat aus dem Fluch eine Tugend gemacht und erklärt das Wesen des Wiener Schnitzels so: „Wiener Schnitzel gibt's bekanntlich viele, in allen Formen, Farben und Größen, vom Kalb, vom Schwein oder vom Huhn, mit Pommes frites, oder Erdäpfel, oft auch verzehrt mit Ketchup und so weiter. Jedes Lokal hat seine Stärken und so ist das Schnitzel wohl die Stärke bei Figlmüllers. Nur die besten, persönlich ausgewählten Bauern liefern das Fleisch, die Brösel der ‚Kaisersemmel' werden speziell für den Figlmüller gemahlen und wer glaubt, die Schnitzel würden in einer Friteuse heraus gebacken, der irrt schmählichst. Reines Pflanzenöl als Zutat und eine wohl temperierte Pfanne, dann die hauchdünn geklopften Schnitzel nicht mehr als 30 Sekunden heraus backen und voilá, fertig! Außerdem wird das Öl nach 3 bis 4 Durchgängen natürlich entsorgt. Der ganze Schmäh liegt also in der Vorbereitung, denn wäre das Fleisch zu dick, so müsste es natürlich länger ins Öl bis es ‚durch' ist. Es wird also offensichtlich, dass der überaus gute Ruf des Figlmüller Schnitzels nicht nur vom Lob verschiedener bekannter Persönlichkeiten abhängt, sondern tatsächlich die ganz spezielle, raffinierte Zubereitung verantwortlich ist."

Dem ist nichts hinzuzufügen, und die Schnitzel beim Figlmüller halten, was der wohlgeführte Werbeschmäh verspricht. Pommes gibt es natürlich nicht dazu, sondern Kartoffelsalat und frische Zitronenspalten. Was der Figlmüller und auch der gemeine Wiener gerne verschweigen ist die Tatsache, dass ihr kostbares Schnitzel gar nicht in Wien erfunden wurde, sondern durch den Krieg seinen Weg an die Donau fand. Mit dem Kaffee war es vorher genauso gegangen: Die Türken hatten bei der Belagerung Wiens einige Säcke davon zurückgelassen und nachdem die Wiener festgestellt hatten, dass es kein Kamelfutter war, machten sie sich daran, das fremde Gut zu assimilieren und das Ergebnis als ureigene Kreation der Stadt in die Welt zu tragen, als Melange und kleinen Braunen, Einspänner, Verlängerten und wie die Spezialitäten nicht alle heißen.

Die Legende besagt, dass Joseph Wenzel von Radetzky, Feldmarschall der Habsburger, das Ur-Schnitzel während seiner Zeit als Generalkommandant der österreichischen Armee im Königreich Lombardo-Venezien kennenlernte, also zwischen 1831 und 1851. Während er damit beschäftigt war, die Einigung Italiens und die nationalistischen Aufstände niederzubügeln, ließ es sich der alte Kämpe auch gut gehen und genoss in Mailand die „Cotoletta Milanese", in Bröseln gewendete und in Olivenöl herausgebackene Kalbskoteletts. Diese selbst sollen ein Relikt aus dem Renaissance-Venedig gewesen sein, denn dort hatte man 1514 verboten, Speisen mit Blattgold zu überziehen, was den Damen und Herren gar nicht hatte schmecken wollen. Flugs hatten sich die Köche der dekadenten Herrschaft eine neue Form des Vergoldens einfallen lassen, nämlich das Panieren in Brotbröseln und Frittieren, wie sie es aus Spanien kannten. Radetzky, Freund des guten Lebens, erwähnte seine neue Leibspeise sogar in einem strategischen Bericht aus Mailand. Die Legende sagt weiter, die Wiener Hofküche habe Radetzky vor seiner endgültigen Rückkehr explizit darum gebeten, das Rezept aus Mailand mitzubringen. Radetzky, das ist übrigens derselbe, dem Strauss zum Dank für seine Leistungen den berühmten Marsch komponierte. Da wäre es einfach zu schön, wenn der beliebte Feldherr auch für das beliebte Schnitzel verantwortlich zu machen wäre. Seit Feldherren und k.u.k.-Romantik aber nur noch Folklore sind und im wahren Leben nichts mehr gelten, mehren sich die Stimmen, dass es sich bei der Geschichte mal wieder nur um einen Schmäh handelt. In Wirklichkeit sei das Wiener Schnitzel natürlich sehr wohl in Wien erfunden worden, genauso wie das Wiener Backhendl, das schon seit Urzeiten in Bröseln gewälzt und frittiert werde.

Man habe es nämlich gar nicht nötig, Speisen zu importieren und als Eigenkreationen auszugeben. Da wird Wien wieder einmal seinem Klischee gerecht, sehr sorgfältig zwischen Wienerischem und Zugereistem zu unterscheiden: Fremdspeisen werden auch mit Fremdnamen betitelt, so wie Palatschinken (Pfannkuchen) und Gulasch ja auch ihre ungarischen Namen behalten haben. Zwischen Tschuschen, Piefken und Wienern wird penibel unterschieden und was kein Wiener ist, darf sich auch nicht so nennen, genauso wenig, wie er Schmäh führen oder 16er Blech bestellen darf.

Die Mailänder sind nicht so empfindlich, wenn es um den Export und die Variationen ihres Koteletts geht – ob nun die Wiener ein Schnitzel draus machen oder deutsche Kantinenwirte eine Piccata alla Milanese. Italienische Küchenhistoriker behaupten allerdings, das Cotoletta Milanese sei eine Erfindung des 19. Jahrhunderts, 1855 beschrieben vom Kochbuchautor Giuseppe Sorbiatti als „Costoline di vitello fritte alla Milanese", ein Kalbsschnitzelchen, das erst in Ei und dann in Brotkrümeln gewälzt wird. 1891 präzisierte Pellegrino Artusi, ein anderer Kochprofi, dass es dazu eine würzige Sauce aus Schinkenstreifen, Petersilie, geriebenem Parmesan und, wenn möglich, einem Hauch von Trüffeln geben sollte. Andere Köche warten mit immer neuen Definitionen und Variationen auf, mal mit mehr, mal mit weniger Käse, dafür vielleicht mit Muskat, in Brühe gegart statt frittiert, bis am Ende eigentlich keiner mehr weiß, was jetzt ein Cotoletta alla Milanese ist, oder ob es nicht vielleicht doch Costoletto oder gar Piccata heißt. Den Mailändern ist es egal, Hauptsache, man sieht beim Essen gut aus.

Wiener reagieren mit giftigem Schmäh, wenn das Schnitzel nicht den Abortdeckel- und Futlapperl-Kriterien entspricht oder wenn sich unter der Panade gar Schweinefleisch statt eines aus der Schale geschnittenen Kalbsschnitzels einschleicht. Das heißt dann nämlich Schweinsschnitzel gebacken. „Geh' bitte, heeeaaaans", wo käme man denn da hin, wenn man das verwechselte. Variationsmöglichkeiten werden konsequent ausgeschlossen, auch bei der Original-Sachertorte, um deren Originalität, Ursprung und Nomenklatur erbitterte Kleinkriege und Rechtsstreite geführt wurden, denn auch da muss Ordnung sein, man ist ja schließlich nicht in Italien. Man achtet auf Tradition und Geschichte, ehrt seine historischen Helden mit Märschen und Torten wie der Eszterhazy-Schnitte oder eben dem Radetzky-Marsch.

Was in Wien erfunden oder kultiviert und damit zu einzigartiger Blüte geführt wurde, wird auch in Wien reglementiert, sonst wäre es ja nicht mehr wienerisch. Damit scheint klar zu sein, dass das Wiener Würstel gar keine Wiener Erfindung gewesen sein kann, sondern von irgend jemand anderem den Wiener Stempel aufgedrückt bekommen hat. Deshalb distanzieren sich die Wiener vom Wienerle genauso wie von Schokoladentorten, die irgendeine Piefke-Hausfrau aus Niedersachsen zusammengerührt hat, denn die würde in Wien ja auch niemand Original-Sachertorte nennen – auch nicht nennen dürfen.

Ausgerechnet ein Piefke soll aber das Wiener Würstchen erfunden haben, so sagt eine in Deutschland gepflegte Legende. Danach schipperte der fränkische Metzger Johann Georg Lahner um 1800 auf der Suche nach neuen Ufern die Donau hinunter und blieb in Wien hängen. Im Gepäck hatte er das uralte, wohl noch aus dem Mittelalter überlieferte Rezept für Frankfurter Würstchen, einer groben Schweinewurst, die er in der Lehre in Frankfurt am Main kennen gelernt hatte. In Wien, wo es zu der Zeit zwar schon Sachertorte, aber noch kein Wiener Schnitzel gab, man aber stets hungrig war auf Extravaganzen, perfektionierte er sein Rezept: Er mischte Schweine- und Rindfleisch und drehte es so lange durch, bis er ganz feines Brät hatte, das er in ebenso feine Schafsdärme füllte, brühte und zart räucherte. Seine Frankfurter, verkauft im bis heute bürgerlichen Wiener Viertel Josephstadt, waren der Renner: bei Bürgern, bei Hof und in den Salons der Künstler. Das ist keine Legende mehr. Johann Nestroy, Franz Schubert, Johann Strauß, Adalbert Stifter, sie alle ließen sich das Würstel schmecken, während sie ihren Zeitgenossen künstlerische Denkmäler setzten, ihnen Ehrenmärsche komponierten oder auch mit Bosheit und Schmäh auf die Wiener Seele blickten, die gar nicht so lieb und herzig ist, wie sie tut.

Kaiser Franz Joseph I. soll das Würstel zu seiner Leibspeise erklärt haben. Obwohl das wahrscheinlich wieder eine Legende ist, zeigt es, dass die Wiener mit dem Würstel an sich gar kein Problem hatten. Kaisers liebstes kleines Gabelfrühstück reiste zu Weltausstellungen nach Paris und Chicago und weil auch dort jeder das Würstel aus Wien liebte, brühten und räucherten bald Metzgereien rund um die Welt Plagiate der Wiener Würstel. Die Österreicher und insbesondere die Wiener blieben aber stur beim Frankfurter, was schon allein deshalb seltsam ist, weil das erst importierte, aber dann vor Ort perfektionierte Schnitzel ja auch Wiener Schnitzel heißt. Und was erst recht seltsam ist, weil das Würstchen ja nicht einmal importiert, sondern tatsächlich erst in Wien erfunden wurde. Denn in Frankfurt war es verboten gewesen, Schweine- und Kalbfleisch zusammen in einen Darm zu stecken, ebenso wie sich in die Panade des Wiener Schnitzels kein Schwein einrollen darf. Daran, dass Lahner ein Piefke war, kann es auch nicht gelegen haben, denn der erhielt das Wiener Bürgerrecht und wurde gar am Zentralfriedhof begraben.

Mit Tradition und Geschichte, mit dem Kaiser gar, lässt sich das Würstel in Verbindung bringen. Da müssten die Metzger doch eigentlich Prozesse und erbitterte Kleinkriege darum führen, wer das Original-Wiener-Würstel anbieten darf. Aber es regt sich nicht einmal Widerspruch dagegen, dass das Kaff Gasseldorf bei Ebermannstadt in der fränkischen Schweiz, das Lahner schon als junger Mann wurst- und grußlos verlassen hatte, sich als Ursprungsort des „Wienerla" feiert, Lahner ein Denkmal errichtete und sich gar beim Deutschen Patentamt das

Urheberrecht auf das „Wienerla" eintragen ließ – Patent Nummer 304 291 27. Das müsste die Wiener Seele eigentlich so quälen, als würde man im ostdeutschen Radeberg ein Radetzky-Denkmal aufstellen und sich als Heimat des Wiener Schnitzels ausgeben. Von dem Geschäft, das sich die Wiener da entgehen lassen, ganz zu schweigen.

Das Wiener Würstel wurde sowohl in Wien erfunden als auch in Wien kultiviert. Analog zu anderen Wiener Spezialitäten müsste es also den Namen der Donaumetropole tragen. Doch das Wiener Würstel heißt in Wien weiterhin konsequent und trotzig Frankfurter, oder bestenfalls eben Würstel, vorzugsweise in der Kombination Würstel mit Saft. Das ist ein Paar Wiener in einem Teller voller scharfer Gulaschsauce, ein klassisches Restessen, das in keinem Beisl, also keiner Vorstadtkneipe fehlen darf. Wer noch weniger ausgeben will, steht am Würstelstand, und wählt außer zwischen Eitrigen und Frankfurtern noch zwischen stark geräucherter Waldviertler, der kräftig gewürzten, groben Bosna-Bratwurst, der scharfen ungarischen Debreziner und der Burenwurst, einer groben, dicken, sehr würzigen Variante, die es gebraten und in Wasser erwärmt gibt. Alle diese Würste sind nach Orten außerhalb Wiens benannt, obwohl in Wien der Würstelstand kultiviert wurde: in Kriegszeiten, als kaum jemand Geld hatte, im Lokal ein Kalbsschnitzel zu essen und stattdessen im Stehen Schmäh führte wegen der schlechten Zeiten und wegen des Schmähführens an sich. So wuchsen rund um die Würstelstände finstere Anti-Kosmen zur hell erleuchteten Welt der Restaurants:. Hier Schnitzel, dort Burenwurst. Hier Stolz, dort Verachtung. Hier „Küss die Hand", dort „Leck mich am Arsch". Hier zarte Futlapperl – dort derbe „Burenheidl" (Buren(vor)häutchen), wie die Burenwurst im Standl-Code heißt. „Ihr Hurenbeitl, kaufts Burenheidl!", ein legendärer Schmäh, um das männliche Pendant zum Schnitzel unters Volk zubringen. Und da haben wir's: Es ist der eigene Schmäh, der den Wienern das Wiener Würstel verleidet. Am Wiener Würstel möchte niemand gemessen werden. Erst recht nicht, wenn es gerne im Saft kommt. Die Ehre, ein Frankfurter Würstchen zu sein, überlässt man „sehr gern" den Piefken, in stillschweigender Übereinkunft, ohne Diskussion. Wie schade nur für die Wiener und ihre seit Jahrhunderten kultivierte Gemeinheit, dass das heute nur denjenigen auffällt, die sich sehr lange, sehr intensiv und jenseits aller Schmerzgrenzen dem Schmäh aussetzen.

BERN-HARDINER

Wie ein Dorf
auf den Hund kam

Niemals, niemals darf eine Reisereportage mit der Schilderung der Fahrt vom Flughafen in die Stadt beginnen. Nur wenige Orte auf der Welt rechtfertigen einen Einstieg mit der Anreise. Entweder weil es Un-Orte sind, an denen man nie wirklich ankommen kann und daher von ihnen auch nichts zu berichten hat (wie etwa die englische Stadt Swindon, deren einzige Merkwürdigkeit ein komplexer Kreisverkehr ist) oder weil es die Anreise als solche ist, die das Wesen des Ortes bestimmt. Die erste Kategorie ist so häufig, dass es nicht wert ist, über die einzelnen Orte zu berichten.

Die zweite Kategorie ist so selten, dass es verwunderlich ist, wie wenige Reportagen über diese Orte geschrieben werden. Es mag daran liegen, dass die Reise im Vordergrund steht und nicht das Innehalten am Ort selbst. San Bernardino in der Schweiz ist so ein Fall. Sie fahren und fahren, vermutlich schon eine ganze Weile, wenn Sie dort ankommen, und haben dann auch noch einen weiten Weg vor sich bis zu ihrem eigentlichen Ziel. Dann ist San Bernardino nur ein Punkt auf der Route nach Italien oder Südfrankreich. Schon kurz nach der Grenze zu Österreich ist San Bernardino als Grobrichtung angezeigt, aber bis dahin passieren Sie noch die Ausfahrten nach Vaduz, ins Heididorf, nach Thusis, und sehen Glamouröses verheißende Wegweiser nach Davos und St. Moritz. Während Sie auf eine Wand aus Bergen zufahren, deren Spitzen auch im Sommer schneebedeckt sind, wird die Straße, die eigentlich als Autobahn in der Karte eingezeichnet ist, immer kleiner und windiger. Schließlich kringelt sie sich steil, kurvig und einspurig das Gebirge hinauf. Wenn Sie Glück haben, ist nur ein Wohnmobil vor ihnen oder ein Milchtransporter. Wenn Sie Pech haben, ist es ein überbreiter Schwertransport, der eine Caterpillar-Raupe geladen hat und damit aus unerfindlichen Gründen über die Alpen will. Mit gemächlichen fünfzig Stundenkilometern örgelt der dann vor Ihnen die Straße hinauf, und Sie haben sehr, sehr viel Zeit und Muße, in die Schluchten zu blicken, auch im Hochsommer nach Schneefetzen in der Landschaft Ausschau zu halten, die Staumauer eines Sees zu bewundern und eigenartige Beton-Türme, die irgendjemand in dieser Höhe gebaut hat. Kurz vor dem Tunnel können Sie überlegen, ob sie lieber über den Pass fahren, aber das macht dann natürlich doch niemand. Im Tunnel selbst darf man ohnehin nur achtzig fahren, was machen da noch ein Huckepack-Caterpillar oder ein Wohnmobil.

Vor lauter Begeisterung, am anderen Ende des Tunnels in der italienischen Schweiz und damit offiziell im Süden zu sein, geben Sie Gas und achten keine Millisekunde auf die Ausfahrt, die in das Dörfchen San Bernardino führt, sondern sehen nur nach vorn, wo es abwärts geht, raus aus den Alpen. Dann sehen Sie auch, dass alles viel schlimmer sein könnte, nämlich, wenn man der Gegenverkehr des Schwertransports ist und von der Polizei gestoppt warten muss, bis das Tunnelmaul endlich, endlich den Superlaster freigibt. Der Stau zieht sich weit hinunter in Richtung Comer See, die Leute gehen schon auf der Straße herum, telefonieren, lassen Kinder am Seitenstreifen herumlaufen. Diese Menschen brauchen dringend Trost und Unterstützung. Am besten durch einen tapsigen, geduldigen Hund mit einem Schnapsfässchen um den Hals. Aber darauf können die Reisenden, die am San-Bernardino-Pass im Stau stehen, lange warten. Nicht einmal die gelben Blechhunde kommen vorbei, um Tee zu bringen. Die Alpen zu überqueren ist Alltag und Privatvergnügen, kein Abenteuer und keine besondere Leistung mehr, und wer im Stau steht, hat Pech gehabt.

Was müssen Sie tun, um in San Bernardino von einem Samariter-Bernhardiner gerettet zu werden? Geben Sie dem Dorf San Bernardino eine Chance. Versuchen Sie es auf dem Rückweg von der anderen Seite, nicht getrieben vom Erlebnishunger auf die bevorstehenden Ferien, sondern satt vom mediterranen Essen und den Ereignissen der schönsten Zeit des Jahres. Staunen Sie bei der Anfahrt, wie die tapferen Bronzezeitleute auf die Idee kamen, ausgerechnet am Ende dieses immer schmäler werdenden Tales könnte ein Übergang über die großen Berge zu finden sein. Bewundern sie die wackeren Baumeister des Mittelalters, die auf den Felsen von Mesocco, der das Tal wie ein Korken zu verschließen scheint, eine Festung und eine Kirche gebaut haben. Wundern Sie sich über den Landwirt, der sich schottische Hochlandrinder angeschafft hat und sie auf den letzten Wiesen des Tales weiden lässt. Kurbeln Sie in aller Ruhe die Serpentinen hinauf, riskieren Sie einen Blick auf die kleinen Steinschuppen, die scheinbar sinnlos in den Steilhang gebaut sind und ein wenig aussehen wie Hundehütten. Fühlen Sie sich wie auf einer Expedition, denn nur Abenteurer in Not werden vom großen Hund gerettet, nicht diejenigen, die schneller unterwegs sind, als der Vierbeiner laufen kann.

Stürzen Sie sich nicht gleich in den gähnenden Rachen des Tunnels, sondern entdecken Sie San Bernardino Villagio. Wenn der Wind durch die Tannen in der Senke fährt, in die sich das Dorf kuschelt, rauschen sie wie das Meer. Erhöht, aber noch an der Hauptstraße thront die Kirche des Heiligen Bernhard. Der Piz Ucello leuchtet milchschokoladenfarben, an der Dorfstraße verkaufen nette ältere Leute Käse aus einem Hauseingang heraus. Honig, Marmelade und frische Kuchenteilchen gibt's an einem Stand. Vor den Gasthäusern trinken die Bergfreunde Kaffee, die Kinder des Dorfes grüßen artig die alte Dame am Käsestand. Schilder weisen den Wanderern den Weg: Zwei Stunden zur Passhöhe mit dem alten Hospiz, fünf Stunden zum Alp de Rog, vier Stunden zum Nufenen.

Aber sehen Sie noch genauer hin, lassen Sie sich Zeit, die Weiterreise kann noch einige Minuten warten. Versuchen Sie, die Kirche zu besichtigen, über deren Portal so vielversprechend „Divo Bernardino" steht. Die Tür ist abgesperrt. Dafür liegt auf der Straße unterhalb der Stufen so viel Hundedreck, dass Sie darum herum einen Spitzentanz machen werden. Das Hotel „National", laut Gedenktafel im August 1858 die Herberge des Herzogs Camillo Benso di Cavour, einer der Befreiungshelden Italiens – verrammelt, verschlossen. Das Lokal „Internazionale" am anderen Ende des Ortes – ebenfalls eine Ikone der Tristesse. Der Hauseingang, in dem der Käse zum Verkauf liegt, ist in Wirklichkeit ein heruntergekommener Kramerladen. In der Touristeninformation hängen Plakate aus der ersten Hälfte des 20. Jahrhunderts, als Skifahren in San Bernardino schick war, eben aus der Zeit, aus der die meisten Häuser an der Hauptstraße stammen. Sehen Sie die Hunde an, die die Kinder spazieren führen. Das Dorf ist ganz und gar grauenhaft. Es ist einer jener zahlreichen und zu Recht unbekannten Skiorte in den Alpen, die alles falsch gemacht haben. Chance auf Rettung? Verpasst. Der brave, treue Bernhardiner, eines der Ursymbole der Schweiz, wohnt hier nicht mehr.

Wundern Sie sich, wie San Bernardino auch sein letztes Kapital verspielt. Rottweiler, Zwergpudel, Malteser und ein Beagle laufen auf der Straße herum. Ein russisch sprechender Gast führt gar einen Staffordshire-Terrier spazieren. Auf dem Schild, das Gäste dazu anhält, ihre Hunde anzuleinen, ist ein Dobermann als Piktogramm abgebildet. Auf dem Tütenspender für Hundekot der Kopf eines Scotchterriers. Kein Wunder, dass den niemand nutzt und die Haufen einfach liegen bleiben. Blicken Sie in das Souvenirgeschäft, das aussieht wie ein sparsam bestückter Lebensmittelladen im alten Ostblock. In einem Körbchen sitzen kleine Bernhardinerhunde aus Plüsch, die Auswahl an grienenden Plüschkühen ist jedoch beträchtlich größer. Die zwei großen Stoffbernhardiner im Schaufenster sind in Plastik eingepackt – offensichtlich werden sie so selten nachgefragt, dass sie ohne Verpackung verblassen würden wie der Charme ihres Heimatdorfs. In dem sind sie nicht mal ursprünglich beheimatet, sie tragen nur dessen Namen. Der Hund mit dem Fässchen, der Bernhardiner, kommt aus dem Ospizio San Bernardino (zwei Stunden Wanderung) und wurde im Mittelalter gezüchtet, damit die Mönche dort oben nicht so allein und schutzlos waren. Im ersten Jahrzehnt des 19. Jahrhunderts soll von dort aus der Lawinen-Bernhardiner „Barry" ganzen 40 Menschen das Leben gerettet haben. Das Hospiz gibt es noch, man kann dort im Sommer, wenn der Pass freigegeben ist, für ein paar ruhige Tage einkehren oder als Motorradfahrer eine Pause einlegen, aber die Hunde sind längst keine Retter mehr. Auch mit dem Bernhardiner Hund hat man das gemacht, was man dem Dorf angetan hat: Blinden Auges in die Unbrauchbarkeit geführt und dann als zu träge abgeschrieben. Der Rassehund ist zu massiv, um noch als Retter zu dienen, groß und schwer, triefäugig und träge, aber vor allem freundlich. Das nutzt ihm wenig. Auch er ist nicht zu retten, denn kaum jemand will ihn haben.

San Bernardino selbst hat sich und den Hund offensichtlich abgeschrieben. Der neue Hochseilgarten – ein Versuch, sich wie ein Ertrinkender an einen Trend anzuhängen, der aber eigentlich schon wieder vorbei ist. Klettergärten gibt es fast überall. Steigen Sie ins Auto, fahren Sie auf die andere Seite des Berges, nach Graubünden, wo das Gras grün ist und man keine Lust hat, sich selbst und das berühmteste Wesen, das man je hervorgebracht hat, aufzugeben: Heidi. Diese Romanfigur ist heute lebendiger als der Bernhardiner.

BUDAPESTER SALAT

Das internationale Mayonnaisesalat-Karussell

F ür manche Dinge will einfach niemand verantwortlich sein. Sie sind monströs, hässlich, albern, kindisch, ungesund, Anstoß erregend oder auf sonst irgendeine Art und Weise peinlich. Nur unter besten Freunden kann man zugeben, dass man die Rabattmarken auf der Rückseite der Kinokarte tatsächlich aufhebt, um sie in der Burgerbude einzulösen, und erst nach vielen Bieren beichten Männer, dass sie im vorvorletzten Urlaub in der Dominikanischen Republik Geld für die Damenbegleitung bezahlt haben.

Nicht nur auf der persönlichen Ebene funktioniert es Schuld von sich zu weisen, es funktioniert auch global und historisch, bei großen und bei kleinen Peinlichkeiten. Etwa bei einem Salat mit den Hauptbestandteilen Gemüse und Mayonnaise, gelegentlich ergänzt um Fleisch- oder Fischstreifen oder geraspelten Apfel. Dieser Salat sollte wirklich von niemandem gegessen werden, er ist viel zu fett, das Gemüse, meist Erbsen, Blumenkohl, Mais, Möhren in verschiedenen Gewichtsanteilen, viel zu lange gelagert, als dass es noch Vitamine enthalten könnte. Kartoffelsalat? Nudelsalat? Das sind Ausnahmen. Einfach deshalb, weil sie viel zu gerne gegessen werden und viel zu häufig vorkommen, als dass man ihren Ursprung anderen in die Schuhe schieben möchte. Und: Der Kartoffelsalat wird vor allem zu Hause selbst gemacht. Etwas Echteres und Ehrlicheres als Kartoffelsalat zu Gegrilltem gibt es nicht. Den Mayonnaise-Salat-Jüngern des Nordens und vor allem des Ostens sei aber zugerufen: In Süddeutschland hat die Mayo nichts in der Schüssel mit den Kartoffeln verloren! Hier macht man den Salat mit Essig, Öl und Fleischbrühe. Die Mayo-Variante heißt in Bayern Sächsischer Kartoffelsalat. Und da geht es schon los mit der Bezichtigung. In Sachsen kommt genau dieser Salat mit allem gebotenem Stolz auf den Gartentisch, kuschelt sich neben die Schale mit dem Nudelsalat wie im Rest Deutschlands. Auch beim Fleischsalat gibt es keine Ausrede, er ist zu sehr Standard, als dass man ihn als Exoten aus fernen Ländern (und wenn es nur Sachsen ist) von sich weisen könnte. Der Fleischsalat unterscheidet sich allerdings vom Kartoffelsalat darin, dass er zumeist fertig gekauft und nicht selbst gemacht wird. Er sitzt traditionell in einer großen Schale beim Metzger in der Kühltheke oder fertig abgepackt im Supermarkt-Kühlregal. Genau dort geht es mit den fettigen Übeln los. Budapester Salat steht da, ein Fleischsalat mit Paprika, Gürkchen, Zwiebeln und Apfel, mit Paprikaextrakt rot gefärbt und inzwischen zumeist ohne Konservierungsstoffe. Sind nun die Ungarn wirklich schuld am Budapester Salat?

Ortstermin in der Budapester Markthalle, 1990, mit meinem Vater als Leiter der Forschungsexpedition. Der alte Osten ist noch sehr spürbar, die Halle etwas rostig, der Lack abgekratzt. In den Durchgängen sitzen auf großen Plastiksäcken schnauzbärtige Männer, die Besen aus Gänsefedern verkaufen. Paprikaketten hängen an den Streben der Stände. „Wie in der DDR", schimpft meine Mutter, als sie die Käse- und Fleischstände sieht, auf deren hölzernen Arbeitsflächen relativ ungekühlt die Waren zerlegt werden. Kaum kann meine Mutter schimpfen, lässt sich mein Vater schon von der Verkäuferin ordentliche Salamiportionen absäbeln und in graues Papier wickeln. Stolz trägt er seine Beute auf dem angewinkelten Unterarm. „Mei, die sind bestimmt recht scharf", sagt er, meine Mutter rollt mit den Augen. Dann stehen mein Vater und ich am Stand mit den Krautsalaten und eingelegten Paprika. „Yoi!" sagt mein Vater, der ansonsten kein Ungarisch kann, zur Verkäuferin, die lacht und zeigt dabei dicke Goldzähne. Dann packt sie uns Apfelpaprika in ein Plastiktütchen, in weitere Tütchen milden Krautsalat, Kraut-Paprika-Salat und sehr scharfen Krautsalat, der „Yoi!" macht, wie die Verkäuferin verspricht. Das ist nämlich echter Budapester Salat. „Brennt wenn es rein geht und wenn es wieder raus geht", zitiert mein Vater stolz den von ihm geliebten Film „Ich denke oft an Piroschka". Den Rest der zu scharfen Wurst verfüttern wir an ein streunendes Kätzchen, dass wenig später beginnt, aus dem angeschalteten Rasensprenger zu trinken. Budapester Salat mit Fleischbrät, Gürkchen und Mayonnaise? Den haben sie nicht in der Markthalle. Braucht auch keiner.

Damit endet die Geschichte längst nicht, damit beginnt sie vielmehr. Es wäre ein einfaches und kein globales Phänomen, wenn es in Budapest keinen Budapester Salat gäbe. Den echten Salat aus Budapest, den mit dem Kraut und der Paprika, gibt es natürlich auch als Variation mit Mayonnaise, aber dann kommt er, wie fast alle viel zu fetten Lebensmittel, aus den USA und heißt Cole Slaw, und nicht Amerikanischer Salat, aber im Grunde ist der Cole Slaw der Inbegriff eines amerikanischen Salates. Er besteht, außer aus Kraut, aus gestiftetem Sellerie und geriebenen Karotten. Sein Name weist auf die Herkunft des Krautsalats aus den Niederlanden hin, auf den Koolsalade. Dass die Amerikaner die Mayo dazugaben, steht außer Frage, denn vom Mayo-Gemüse-Salat distanzieren sich die Niederländer sprachlich, indem sie ihn Huzarensalade nennen, was erneut nach Budapest deutet, aber dort waren wir ja bereits.

Nächster Ortstermin in New York. Egal ob „Plaza Hotel" am Central Park oder „Dallas BBQ Diner", das bestellte Essen muss drei Kriterien erfüllen, um gegen die Konkurrenz bestehen zu können: Es muss übermäßig viel sein, übermäßig fett und übermäßig salzig. In den Portionen steckt der Geist der Stadt vor Nine Eleven und vor der Bankenkrise: Alles muss unvorstellbar groß sein, larger than life. Die Stadt muss sogar noch in der Imbissbude ihrem Ruf als gelobtes Land gerecht werden. Wer dort nicht die Hälfte vom Essen zurückgehen lässt, ist ein armer Schlucker, der wohl eben erst angekommen ist. Natürlich muss in dieser Stadt auch der Krautsalat, den die Einwanderer mitbrachten, Überlebensgröße annehmen, also wird er mit Mayo übergossen, um eine schätzungsweise zehnfache Reichhaltigkeit zu erreichen.

Den Gemüsesalat mit Mayo, ebenfalls von Einwanderern nach Amerika gebracht, hat man Ende des 19. Jahrhunderts im New Yorker Hotel „Waldorf-Astoria" zur Delikatesse veredelt. Um sich von den Diners abzuheben sind die Sellerie- und Apfelstreifen im „Waldorf Astoria" einzeln mit Mayonnaisedressing ummantelt und dann im Blockhausstil zu einem geschmacklichen Fort Knox aufgeschlichtet, aus dessen Mitte ein Salatblatt als grüne Fahne winkt, etwas beruhigt von einem Hauch Trüffel. Die Walnüsse sitzen wie Angreifer um das handgeschichtete Gemüsefort herum. Sehr hübsch. Als Pampf aus Sellerie, gehackten Nüssen, Äpfeln und Trauben, manchmal auch Karotten, hat der Waldorfsalat als Rückwanderer in Europas Feinkosttheken dennoch seinen Platz neben Fleischsalat und Cole Slaw eingenommen. Wo diese drei beisammen sind, ist meistens ein vierter im Bunde: der Italienische Salat, ein Traum aus Blumenkohl, Erbsen und anderem Kleingemüse und ... Mayonnaise! Können gar die Italiener schuld sein an dem Salat-Übel?

Ortstermin bei „Esselunga", einer Kette italienischer Supermärkte, die sich wacker gegen die französische „Hypermarché"-Invasion stemmt. Bei „Esselunga" warten Scamorza-Bälle, Wagenrad-Mortadella und Parmaschinken am Stück auf die Großeinkäufe der Großfamilien. Die Auswahl an Fertigsalaten ist eher übersichtlich, man schneidet die Pomodori, die Cucumbari, die Finocci und natürlich Rucola und Lattuga am liebsten frisch auf, gibt Essig und Öl dazu, basta. Das schafft jede und jeder. Fertig gekauft werden Antipasti in Öl, Oliven, Pilze, Zucchini, Mini-Tintenfische, dazu noch gebratene Auberginen, Kartoffelkroketten, Fleischbällchen, gebratene Krevetten, oder alles durcheinander. Einen einzigen Traum in Weiß halten die Italiener dennoch in der Kühltheke bereit, es ist der alte Bekannte aus verschiedenen Gemüsen, und um sich nicht nur farblich von den mediterranen Leckereien abzuheben, nennen ihn die Italiener Insalata Russa. Bei den Vorspeisen zeigen die Mittelmeerländer Solidarität: In Frankreichs Frischeparadies-Supermarkt „Leclerc" steht die Schale mit dem Salade Russe nahe den feinen Fleischpasteten. Ensaladilla Rusa sagen die Spanier, „Rus Salatasi" die Türken. Im Esselunga-Russensalat stecken Kartoffeln, Erbsen, Karotten und Paprika. Die fettige Spur führt also nach Osteuropa.

Den Russen etwas zur Last zu legen ist allerdings eine spezielle Eigenart des Westens. Wenn es ein einziges Mal nicht gelingt, Amerikaner oder Niederländer für fettiges, ungesundes, aber leider trotzdem leckeres Essen verantwortlich zu machen, dann müssen eigentlich die Russen als Traditionsbösewichte oder ihre Verbündeten, die Husaren oder die Budapester, dafür herhalten. Die Urheberschaft für Russische Eier, noch so ein verführerischer Alptraum mit Mayo, hat man ihnen schon erfolgreich nachgewiesen. Irgendwie scheint lieblos präsentierter, sättigender Industrie-Stampf zum Ostblock zu passen. „Wie in der DDR", höre ich im Geist meine Mutter sagen.

Erster Ortstermin im polnischen Supermarkt „Piotr i Pawel", der den eingereisten französischen „Hypermarchés" trotzig Konkurrenz macht. Da sitzt im edel beleuchteten Kühlregal: Salatka wloska z brokulami der Firma Lisner, die mir gleich auf dem Deckel „Dobrze Smak!" verspricht, also leckerlecker. Wloska heißt italienisch. Auf eigenes ist man in Polen tendenziell stolz: Aus Krakau kommen Krakauer Würste. Mit einem Plastiklöffel streiche ich Salatka Wloska auf ein Vollkornbrot. Ein Traum von einem Picknick, Broccoli, Mais, Ei und Apfel in säuerlicher Tunke. Andererseits zeigen die Polen beim Mayonnaisesalat allzu gerne mit dem Finger auf andere Länder. Salat mit Fisch, Karotten und Paprika – Salatka Balkanska. Salat mit Fisch, Gurke, Apfel und Pilzen – Salatka Tatarska. Dabei hätten gerade die Polen allerlei Grund, die Russen oder auch die Deutschen schlimmer Dinge zu bezichtigen, nicht aber die Italiener. Es mag an der Isolation Polens gelegen haben, wie der Salatka Wloska zu seinem Namen kam. Er ist der Toast Hawaii Polens, denke ich, während der Ostseewind Sand in das halbleere Plastikschälchen weht. Wie sollte man zur Zeit des eisernen Vorhangs Italien schmecken? Salatka Wloska ist in Polen schließlich auch ein Nudelsalat und der gemischte Salat mit Essig-Öl-Dressing. Salatka Wloska ist ein Sehnsuchtswort, keine Beschuldigung. Nach Russland hatte man keine Sehnsucht, aber die Spur führt dennoch weiter nach Osten.

Ortstermin in Tschechien. Hier haben sich nicht die französischen, sondern vor allem eine britische Supermarktkette breit gemacht. In diesem stehen schüsselweise Mayonnaisesalate. Wer zu faul ist, nach deren Inhalt zu fragen, kann auch einen der bereits fertig in Schälchen abgepackten greifen. Die offensichtlich beliebteste Sorte ist der Parizsky Salat, denn hiervon stehen mit Abstand die meisten Schälchen bereit. Er besteht aus Fleischwurst, Gürkchen und Co., ist also identisch mit dem deutschen Fleischsalat, weist aber auf Frankreich. Das mag am britischen Supermarkt liegen, der den Salat unter seiner Eigenmarke verkauft, denn die Briten trauen den Franzosen jegliche Geschmacksverirrung zu. Im kleinen tschechischen Supermarkt hingegen heißt die Kreation aus Fleischwurst, Kartoffelwürfeln, Erbsen und Karotten wieder wie erwartet

Vlašský Salát, also italienischer Salat. Nicht nur in der Sprache, auch in der melancholischen Sehnsucht ähneln sich Polen und Tschechen, und in der Tendenz, sich nicht mehr an Russland, sondern am Westen zu orientieren.

Letzter Ortstermin in Russlands großem Supermarkt „Victoria", einer Konsumhalle nach westlichem Vorbild, voller Westwaren, wohlbetuchter Käufer und einer Feinkosttheke, die deutlich reichhaltiger ist als bei der Konkurrenz „O'kay" oder gar den alten „Coops". So viele Mayonnaisesalat hat die Welt noch nicht gesehen. Eine ganze Kühltheke ist voll von ihnen, und mit mir beugen sich die Russen vor, packen ihre Nase direkt vor die Scheibe. Vor lauter Mayo sieht keiner, was sonst noch in den Salaten steckt. Geduldig warten die Verkäuferinnen hinter dem Tresen, bis die Entscheidung fällt. Allein Krautsalate und Raspelkarotten kommen ohne Tunke aus. Und da ist er: Salat Rossiiskii. Er gehört zu den teuersten, sieht aber wenig anders aus als all die anderen Kreationen. Er enthält dicke, knackige Paprikastücke, Ei, Käse, Gurke, gegartes Rindfleisch und ist landestypisch mit viel Dill gewürzt. Nicht mal schlecht. Eine Russin erklärt mir, dass die Salate normalerweise nach der Zutat heißen, die am häufigsten drin ist, und dass man wirklich alle Salate mit Mayonnaise anmacht, ja, auch zu Hause. Die Größe des Mayo-Regals bei „Victoria" bestätigt dies eindrücklich. Ich hoffe, dass es wirklich Rindfleisch war, das im Russischen Salat verarbeitet war. Nein, hier schämt man sich nicht für reichhaltige Speisen. Hier gibt es im Imbiss auch geschmolzenes Schmalz als Wahlbeilage zu den Pelmeni, den mit Fleisch gefüllten Teigtaschen, und extra Sahne zum Sahnekuchen. Hier ist jeder Salat ein russischer Salat, und zwar so, wie es die Mittelmeerländer meinen, die zu unrecht von anderen Ostblockstaaten des Salats bezichtigt werden.

Man könnte nun sagen, diese Lust an der Mayonnaise läge daran, dass es in großen Teilen Russlands den größten Teil des

Jahres über eiskalt sei und man einfach fetter essen müsse als anderswo. Oder daran, dass Gemüse eine Zeit lang so selten war, das man es strecken musste, um satt zu werden. Oder daran, dass im Kommunismus nicht nur die Arbeitsmoral, sondern auch der gute Geschmack verkümmerten, zugedeckt von einem Einheitsbrei. Doch weit gefehlt. Die Sage zur Entstehung der Speise reicht zurück bis ins Zarenreich. Denn tatsächlich wollen nicht einmal die Russen schuld sein an ihrer eigenen Kühltheken-Unkultur: Ein gewisser Lucien Olivier soll den Salat erfunden haben, und das bereits zur Zarenzeit. Ab 1860 soll er in seinem Moskauer Restaurant „Eremitage" unter dem Namen „Hauptstadtsalat" eine in Mayo gebadete Mixtur aus Hühnchenfleisch, Kalbszunge, Gurken, Shrimps, Ei und Kapern serviert haben, gekrönt von einem Salatblatt und bestreut mit etwas Kaviar. Der Salat war so ein Ankommer, dass er reichsweit kopiert wurde. Legende und Zutaten erinnern an Eggs Benedict und Waldorfsalat, und man ist sich nicht einmal einig, ob Herr Olivier ein eingewanderter Franzose oder ein Belgier war. Sicher ist die Legende nur in dem Punkt, dass er kein Russe gewesen sein kann, er, der das einstige russische Festtagsessen kreiert hat, das zu mögen sogar den Russen ein wenig peinlich scheint. Wenn sie es schon liebend gerne essen und es ihnen nichts ausmacht, in der halben Welt dafür verschrien zu sein, so wollen sie es nicht erfunden haben. Sind nun die Belgier schuld an der globalen Fehlernährung? Haben sie sowohl den Cole Slaw als auch den Russischen Salat in die Welt gebracht? Zusätzlich zu den Pommes frites, Belgiens bisher berühmtestem Beitrag zur reichhaltigen Küche?

Ortstermin in Belgien ... Nein. Es genügt. Auf den Spuren des Mayonnaisesalates lässt sich, gleich einer Schnitzeljagd, um die ganze Welt reisen, denn der Salat, unter welchem Namen auch immer, ist ein internationaler Etikettenschwindler, der überall davon ablenken will, dass er ein einheimisches Produkt ist. Niemand will ihn erfunden haben. So wie auch offiziell

BUDAPESTER SALAT

niemand mehr Fleischsalat isst oder sich Budapester Salat aufs Brot streicht. Die vollen Schüsseln in den Kühltheken sprechen weltweit eine andere Sprache. Würde die Mayo-Gemüse-Fleisch-Mischung erst heute erfunden werden, sie hieße im Westen bestimmt Iranischer, Irakischer oder Afghanischer Salat. In diesen Ländern würde man Israelischer Salat sagen, und in jedem einzelnen dieser Länder würde man einen amerikanischen Imbiss-Besitzer für die Erfindung verantwortlich machen. Essen würde ihn trotzdem jeder.

ENGLISCHER KUCHEN

ENGLISCHER KUCHEN

Vom Versuch, die britische Süßwarenwelt aufzumischen

Das Wetter und das Essen – zwei der Gründe, die viele Menschen viel zu lange von einer Reise nach England abhalten. Schuld ist, zumindest in Bayern, vor allem der Volksschauspieler Walther Sedlmayr, der mit seinen Reisereportagen in den 70er und frühen 80er Jahren eine ganze Generation prägte, die selbst noch nicht reiseerfahren war, aber ihren reiselustigen Kindern ganz, ganz schlaue Ratschläge mitgab, die sie aus Sedlmayrs Reportagen hatten. Etwa, dass man ein englisches Sandwich, wenn es fertig belegt ist, am besten wegschmeißt. Und dass die Engländer verschroben sind, Melonen tragen und lauwarmes Bier trinken. „Aber der Tee ist gut" – diesen Spruch durfte ich mir in meiner Jugend gefühlte tausend Mal von meinem Vater und meiner Großmutter anhören, nämlich immer dann, wenn es darum ging, dass ich gerne mal nach England fahren wollte. „Aber der Tee ist gut." Und dann gings doch wieder nach Italien oder Jugoslawien. Ich war mir von Anfang an sicher, dass es in London toll ist, die Sandwiches bestimmt lecker sind und das Wetter nicht schlechter als in München.

So war es dann auch, als wir zu Ostern 1989 dort waren, meine Eltern und ich, ein Geschenk zur Firmung. Das schlechteste Essen haben wir im Flugzeug bekommen, kalte

ENGLISCHER KUCHEN

Bratwürstchen von PanAm, die einem eine alte Schabracke mit gummibehandschuhter Hand auf das Klapptischchen knallte. In London aber: ausgezeichnetes indisches und chinesisches Essen, viel indischer und chinesischer als in München. Im Sandwichladen an der Fleet Street konnte man sich Brot und Belag schon damals nach Geschmack zusammenstellen lassen. Und erst die Wunderdinge im Supermarkt: Keksregale voller unbekannter Köstlichkeiten, gefüllte Apfelküchlein, Marmeladentörtchen, dicke Kekse mit Marshmallow-Kokos-Schäumchen, Kekse mit dicker Cremefüllung und Kristallzucker oben drauf. Da gab es den fantastischen Riegel „Terry's Chocolate Orange" mit Orangengeschmack, den erstaunlichen Riegel „Flake" aus Schokoladenraspeln, Riegel mit Keksteil und Rosinen, Kartoffelchips mit dem Namen „Golden Wonder Pickled Orange Flavor". Der Riegel „Rowntree's Secret" bestand aus einem Karamell-Candy-Mousse-Kern, der mit Schokoladenfäden umsponnen war. Mein Koffer war bei der Heimreise voller Süßigkeiten, und mir war klar: Da komme ich noch öfter hin. Natürlich auch wegen der Sehenswürdigkeiten und der tollen Geschäfte.

Allerlei Ferienjobs und ein Jahr später war ich wieder da, nicht in London, sondern bei Ron und Dorothy im Dörfchen Byfield in den Midlands, in der Nähe von Banbury und nicht all zu weit weg von Stratford upon Avon. Gutes altes, englisches Kernland. Meine Freundin Tine war auch dabei und mein Banjo. Dort lernten wir die Hochs und Tiefs der englischen Dorfküche kennen. Hier sah die Welt schon ein bisschen anders aus. Es gab keinen Supermarkt, sondern einen Kramerladen namens „Acorn Store", dessen Angebot aber nicht minder super war. Und einen Pub, in den wir aber nicht hinein durften. In der Umgebung liegen Örtchen wie Fenny Compoton, Bishop's Itchington und Priors Hardwick, deren Namen klingen, als stammten sie aus Monty Python's „Flying Circus", und einen See namens Boddington Reservoir,

ENGLISCHER KUCHEN

eingerahmt von den Dörfern Upper und Lower Boddington, um den man mit dem Haushund Alice herumwandern konnte. Alternativ gingen wir mit Alice auch in die Felder hinter Byfield, zu einem halbverfallenen Steincottage auf dem Hügel, das von wilden Brombeersträuchern umrankt war. Von dort konnte man die Fachwerk- und Ziegelhäuschen von Byfield in die sattgrüne Landschaft gekuschelt sehen. Tatsächlich, ein Dorf wie aus einem Kitschfilm, british as can be.

Und so war auch die Küche. Lasagne aus dem Supermarkt, Fleischeintopf, Schweinekoteletts mit Minzsauce, Chicken Caserole (in Gemüse zerkochte Hühnchenbeine). Wir machten auch die Bekanntschaft mit Spam, einem quietschrosa Formfleisch aus der Dose, das es gebraten zu Erbsen gab. Danach wurde später der E-Mail-Müll benannt. Der sehr freundliche und langmütige Haushund Alice hat uns aber dankbar von den unverzehrbaren Resten des Spam erlöst. Shepherd's Pie, graues Hackfleisch mit Kartoffelbrei überbacken, wollte nicht mal Alice fressen. Lauwarmes Cornedbeef mit Kartoffelbrei war auch nicht jedermanns Lieblingsessen. Einmal nahm uns Dorothy mit zum „Old People's Lunch" in die Mehrzweckhalle des Dorfes, da gab es aus der Gulaschkanone Steak and Kidney. Dieser Fleisch-Nieren-Eintopf gehört bis heute zum Scheußlichsten, was ich je auf meinem Teller hatte. Nicht nur in Lage und Lebensweise, auch die Küche Byfields entsprach dem England, das heute so gerne in Rosamunde-Pilcher-Filmen schöngezeichnet wird.

Angesichts so vieler Abscheulichkeiten fällt es dem England-Unkundigen leicht, zu glauben, dass auch der fieseste Kuchen, den die Welt kennt, aus England kommen muss und daher Englischer Kuchen heißt. Den Brocken aus der Kastenform mit den hartplastikartigen Citronat-Brocken, den schleimigen Rosinen-Einschlüssen, dem Geschmack geschredderter Zeitung und der Konsistenz des Grindes, der sich unter 20 Jahre alten Teppichfliesen bildet, dieses Monstrum also, das bei uns unter dem Namen Englischer Kuchen angeboten wird, würde keine englische Hausfrau über ihre Schwelle lassen.

Denn was sie beim Hauptgericht vermasseln, machen die Engländer beim Nachtisch und Süßgebäck wett. Apple Crumble, ein Duett aus frischen, säuerlichen Äpfeln mit Zimt-Butterstreuseln. Hot Cross Buns, flauschiges Frühstücksgebäck aus Hefeteig. Meringue with Cream and Fruit, diese Wolke aus weichem Baiser mit Extras dazu. Trifle, der perfekte Nachtisch aus Schichten von Fruchtgelee, in Sherry getränkten Keksen, Vanillecreme und Sahne. All das belohnte uns Reisende für Spam und Kidney. Schon allein die Aussicht auf Nachtisch, der irgendwo in Dorothys Küche versteckt sein musste, ließ auch den Shepherd's Pie halb so schlimm erscheinen. „No matter where I serve my guests, I think they like my kitchen best" hing als gerahmtes Stickbild über Dorothys Herd: „Egal, wo ich meine Gäste bewirte – in meiner Küche gefällt es Ihnen doch am besten."

Tatsächlich ist England auch außerhalb der Dorfküchen ein Süßgebäck-Paradies. Der Englische Kuchen deutscher Nation ist dagegen nur ein plumpes Imitat aus Backstuben, die normalerweise überreiche Sahnetorten, Streuselkuchen oder vor Gelee triefenden Obstkuchen herstellen. English Tea Cake, ein leichter, dezenter und dennoch feiner Kuchen, ein enger Verwandter unseres Standard-Rührkuchens, kann gelegentlich mit ein paar Rosinen verfeinert sein, aber ebenso gut mit frischen Kirschen. Teacake, und das ist etwas Spannendes an der englischen Sprache, das man erst nach einigen Reisen und viel Süßwarenkonsum versteht, Teacake kann im Grunde alles Süße sein, das man zum Tee isst. Der zarte Rosinenkuchen in der Vitrine des Tea Room ist genauso ein Teacake wie Scones, die eher an unsere Milchbrötchen erinnern, ein Muffin oder ein anderes eher schlichtes Teilchen. Pies und Tarts sind dann schon die Diven unter den Backwaren, gefüllt, verziert oder sonstwie aufgerüscht. Außer den Klassikern Apple Pie, Lemon Meringue Pie, Jam Tart, die in keinem Tea Room fehlen dürfen, hat fast jede Region ihre eigene Spezialität, wie ich in den Folgejahren mit stetig wachsender Begeisterung herausfinden durfte: Bakewell Tarts, kleine Teilchen gefüllt mit grobem Marzipan und mit Fondant überzogen. Dundee Cake, ein saftiges Früchtebrot. Chelsea Buns, besonders zarte, leichte Rosinen-Rohrnudeln. Den Englischen Kuchen sucht man vergebens. Nur selten findet sich in besonders schlechten Tea Rooms Teacake, der ihm ähnelt, denn Zitronat und Orangeat schmecken sogar den meisten Engländern nicht, und total trockenes Zeug erst recht nicht.

Viel könnte man lernen von der Wunderwelt der britischen Süßwaren, aber nicht einmal der Starkoch Jamie Oliver, der den Ruf der britischen Köche und Küche nachhaltig verbessert hat, hat es bisher geschafft, seine Heimat als Kuchenparadies anzupreisen. Stattdessen wandern aus den USA derzeit die Donuts und Cupcakes ein, und sogar die inzwischen allgegenwärtigen Muffins aus Backpulverteig treten als Amerikaner auf, obwohl ihre Wurzeln in England liegen, in Form eines flachen Hefeteigbrötchens, das ebenfalls in die Kategorie Teacake fällt. Dieses heißt nun in Britannien English Muffin, um sich klar von den bunten, aufgeplusterten Rückwanderern abzugrenzen. Ernsthafte Konkurrenz für Pie und Tart sind sie aber nicht.

Kuchen und Süßigkeiten nach England zu tragen, ist ungefähr so sinnvoll wie Schokolade in die Schweiz zu schicken, und wird mit Skepsis, wenn nicht gar mit offener Ablehnung quittiert. Schokoladen-Ostereier, die ich bei meinem zweiten Besuch als Mitbringsel nach Byfield schleppte, blieben ungegessen als Dekoration auf dem Küchentisch liegen. Beim dritten Besuch 1994 war ich mit meiner Freundin Katrin auf dem

Weg nach Schottland. Da wir mit dem Auto unterwegs waren, hatten wir ein ganz besonderes Geschenk dabei: Hermann, den Sauerteig. Für Dorothy, die doch Kuchen und Nachspeisen so liebte. Hermann, das war dieser vor sich hin fermentierende Teigbatzen, in den man alle paar Tage neuen Zucker rühren musste und der sich so stark vermehrte, dass man den daraus zu backenden Kuchen kaum aufessen konnte und Teile des Teiges wie in einem Schneeballsystem an Freunde verschenkte. Hermann, der Teig, verbrachte die ganzen 1300 Kilometer von München nach Byfield in einer mit Alufolie verschlossenen Plastikschüssel, eingekeilt hinter dem Fahrersitz meines Fiat Panda. Da wir für die Anfahrt drei Tage brauchten, fütterten wir ihn auf irgendeinem Parkplatz in Belgien sogar mit Zucker. Der Fiat Panda fuhr maximal 120 Stundenkilometer. Katrin und ich hatten viel Zeit uns vorzustellen, wie Hermann von Byfield aus ganz England erobern würde, von kuchenbegeisterten Hausfrauen von Tür zu Tür weitergegeben.

In Byfield war Hermann allerdings nicht willkommen. Mit kaum verborgenem Entsetzen betrachtete Dorothy den graugelben Teig und las den albernen „Hermannbrief", den wir für sie ins Englische übersetzt hatten. Sie stellte ihn irgendwo in ihre Küche. Am übernächsten Tag fuhren wir weiter und Dorothy erwähnte Hermann mit keinem Wort mehr, nicht als wir bei ihr waren und niemals später. Ich denke fast, dass sie ihn kein einziges Mal gefüttert hat, sondern in dem Moment im Komposthaufen versenkte, da der Fiat Panda aus ihrer Hofeinfahrt fuhr. Es gibt also in England keinen Hermann-Kuchen und auch keinen Englischen Kuchen – Gott sei Dank, denn beide schmecken wirklich niemandem. Nicht den Engländern, und eigentlich auch nicht den Deutschen.

SHIRAZ

Poeten und Märchenerzähler aus Tausendundeiner Nacht

Steigen Sie in Teheran in ein beliebiges Taxi und wenn Sie klar gemacht haben, wohin es gehen soll und was der Spaß kosten wird, entrollt sich garantiert genau dieser Gesprächsteppich: „Was arbeiten Sie hier, was ist ihr Business in Teheran?" – „Keines, ich bin im Urlaub hier" – „Was??? Warum das denn?" – „Ich möchte die großen Schätze der iranischen Kultur sehen." – „Aaaaach, verstehe. Esfahan, Shiraz ..." – „Ja, und Teheran." – „Ja. Ja. Wo wollten Sie gleich nochmal hin?" – „Niavaran. Das Museum, Sie wissen doch ..." – „Ach, jaja, aber wissen Sie, Shiraz ... Wann fahren Sie nach Shiraz?" – „Ahem, ähm, ich wollte nur noch nach Isfahan." – „Ach, aber Sie sollten wirklich nach Shiraz fahren." Wenn die Fahrt etwas länger dauert, was angesichts des anarchischen Teheraner Verkehrs immer der Fall sein wird, es sei denn, es ist gerade Freitagsgebetszeit oder drei Uhr morgens, wird der Fahrer Sie dann auch noch fragen, woher Sie kommen, erfreut feststellen, dass der Sohn seines Neffen auch schon einmal in Deutschland war und es ihm dort natürlich sehr gut gefallen hat. Wenn die Fahrt dann noch etwas länger dauert und schon die ersten Gesprächspausen entstehen, wird der Fahrer in den Spiegel blicken, Ihr kopftuchgerahmtes Gesicht betrachten, und dann mit tiefer Verschwörerstimme sagen: „Wissen Sie eigentlich, dass in Shiraz der Wein erfunden wurde? Die berühmten Shiraz-Trauben, kennen Sie die? Wir dürfen hier ja keinen Wein trinken ..." Jetzt bleiben Ihnen nur zwei Möglichkeiten: Sie können schweigen wie ein Genießer und sanft nicken, mit jener überlegenen Mischung aus Wissen und Bedauern, oder überzeugt ausrufen: „Ach, wirklich? Na sehen Sie, wieder ein Beispiel für die iranische Hochkultur!"

Dass Ihrem Fahrer Shiraz, der Wein, so fremd ist wie Ihnen Shiraz, die Stadt, hat er mit der Bemerkung bereits verraten. Dass er es bedauert, ebenso. Und dass es im Iran offiziell keinen Alkohol gibt, wird Ihnen längst aufgefallen sein. Schweigen Sie einfach und träumen Sie mit dem Fahrer ein wenig von Shiraz, während an ihrem Fenster graue Betonklötze und haushohe Märtyrerporträts vorbei ziehen. Shiraz dagegen ist das Bild des alten Iran, aus einer Zeit als die Welt noch in Ordnung war. Als die Herrscher des Landes nicht nur mächtig, sondern auch gütig, gerecht, schöngeistig und feierfreudig waren, überbordende Lustgärten anlegen ließen, in denen die schönsten Frauen aller Zeiten wandelten und die besten Dichter der persischen Sprache Denkmäler setzten. Zu einer Zeit, als Persien tatsächlich noch eine Weltmacht war. Shiraz ist eine Fata Morgana aus Erinnerungen, Träumen und Stolz auf die eigene Geschichte, die verführerisch am Horizont der tristen iranischen Gegenwart flimmert.

Das alte Persepolis mit seinen mächtigen steinernen Kolossen, die das „Tor aller Länder" bewachen, ist nicht weit von Shiraz entfernt. Von dort aus regierte Kyros II. vor 2500 Jahren tatsächlich ein Reich, das vom Indus bis zum Bosporus reichte. Und von so weit her hallt der Ruf von Shiraz, dabei war es den größten Teil seiner Geschichte nur eine Provinzstadt. Um 1000 nach Christus aber kam der Durchbruch. Shiraz galt als Rivalin von Bagdad im Streit darum, wer denn die Perle des Orients sei. Die auch im Iran der Ayatollahs mit Denkmälern, Bahnstationen und Straßennamen verehrten Dichter Hafez und

Sa'adi machten aus dem Ruf, der dem kriegerischen Persien wie Donnerhall vorauseilte, ein liebliches Singen, ein Rauschen im Pergamentwald. Inspiriert von den Gärten, den Festen darin und dem Wein aus den roten Shiraztrauben schrieb Omar Khayyam, ein weiterer Nationaldichter, um das Jahr 1100: „Ich trinke Wein und denke nichts als Liebe. Viel köstlicher als aller Ruhm der Erde ist's, einen Trunk aus vollem Glas zu tun; viel köstlicher und Gott gefälliger als frommes Plappern ist der Hauch des Glückes, der leis vom Munde des Verliebten weht."

Dieser Stoßseufzer der persischen Seele ertönt weiterhin bei jenen, die auf die Geschichte des Landes stolzer sind als auf die Gegenwart. Die es einerseits satt haben, Tanzmusik auf dem Schwarzmarkt zu kaufen und bei Geburtsfeiern Orangensaft mit einem Schuss medizinischem Alkohol zu trinken, andererseits im Auto poppig vertonte Hafez-Gedichte hören und dabei laut mitsingen. Sie finden es schon schön, Ferien am Schwarzen Meer zu machen, würden sich aber eigentlich lieber einen Urlaub auf Kreta leisten, wenn sie nur endlich dieses verflixte Ausreisevisum bekämen. Sie lieben den Iran und würden ihre Heimat für nichts auf der Welt tauschen, sind aber mit der Regierung nicht einverstanden. Schon an der Jacke des Präsidenten sehe man, dass mit dem Mann nicht gut Staat zu machen sei. Und was soll das denn, selbst beim Bergwandern das Kopftuch tief in die Stirn ziehen zu müssen? Und warum sollte im beliebten Sa'ei-Park ein Mann eine fremde Frau nicht ansprechen und auf einen Tee einladen dürfen, wenn schon nicht auf ein Glas Wein? All diese Menschen, die Sie in Teheran, wenn Sie sich Zeit nehmen, treffen werden, sprechen das Wort Shiraz besonders sinnlich aus, unter dem Gaumen angehaucht, in ein sehr langes A mündend, mit einem verheißungsvollen Zischen am Ende, als würde man es schon beim Aussprechen schmecken können.

Sie als Europäer träumen beim Gedanken an den Orient sicher nicht von schwerem Wein. Sie denken an goldene

Kuppeln und Ehrfurcht gebietende Moscheen, an Basare voll duftender Gewürze und golddurchwirkter Stoffe, an bunt gekachelte Paläste und mit Teppichen ausgelegte Teehäuser. Fahren Sie nicht nach Shiraz, wo es nach dem Willen der Ayatollahs ohnehin keinen Wein und keine Gartenparties gibt, fahren Sie nach Esfahan. Dort finden Sie alles, was Ihnen die Märchenbücher Ihrer Kindheit versprochen haben, in einer Pracht, die so unwirklich schön ist, dass sie die Gebäude mit der Hand berühren werden, um zu sehen, ob sie echt sind. In den Parks aus besseren Zeiten treffen Sie junge Leute, die – jawohl – auch ohne Alkohol lustig sind, flirten und kichern und sich gegenseitig zum Tee einladen. Abends am Fluss können Sie sich im Teehaus eine Portion Suppe aus dem großen Pott in einen verbeulten Blechnapf schöpfen lassen und über das glitzernde Wasser blicken. Wenn Esfahan eine Fata Morgana wäre, müsste man es bauen, aber so schön, wie die alte Kaiserstadt wirklich ist, bekäme man das kaum hin. Dass die Geschichten aus „Tausendundeiner Nacht" vor allem in Bagdad spielen und nicht in Esfahan, ist völlig egal – Esfahan sieht aus wie eine Stadt aus einem Märchenfilm, nur größer und schöner. Das Gefühl jubilierenden Glücks, das bei einem Rundgang um den Hauptplatz aus den Tiefen Ihrer Magengrube aufsteigt, ist stärker als sämtliche kunsthistorischen Erklärungen der Reiseliteratur. Die Schönheit von Esfahan ist vor allem ein Gefühl.

Ihnen geht es dann mit Esfahan so wie den Iranern mit dem Shiraz, dessen Existenz sie vergöttern, ohne die Fakten zu kennen. Denn die nüchterne Wahrheit ist: Die rote Shiraz-Traube, die heute auf der ganzen Welt außer im Iran angebaut wird, stammt ursprünglich aus Frankreich. Ja, es gibt im Süden des Iran seit 7000 Jahren Weinbau, aber nein, der Wein, der den Namen Persiens international ziert, ist ebenso wenig persisch wie die billigen Teppiche in Europas Kaufhäusern. In Shiraz gibt es nicht nur zur Zeit keinen Shiraz, es hat nie welchen gegeben, der nicht erst importiert werden musste. Der als Freund des Weines bekannt gewordene Omar Khayyam lebte gar nicht in Shiraz, sondern im Norden des Landes. Er war auch nicht im Hauptberuf Dichter, sondern Astronom und Mathematiker. Wenn man aber seinem Alltag dringend entkommen muss, sind Träume wichtiger als die Wahrheit, erkannte eben dieser Omar Khayyam: „Mach mich trunken und entfremde mich der Welt, auf dass ich dann dieser Welt verborgene Dinge dir berichte, edler Mann!"

PICCATA ALLA MILANESE

PICCATA ALLA MILANESE

Fleisch im Goldmantel

"Lieber Giuseppe", schreibe ich im E-Mail-Fenster von Facebook, "wie geht es Dir? Vor einiger Zeit wollte ich Dir schon einmal eine Mail schicken, aber die Adresse hat leider nicht mehr gestimmt. Was machst Du denn gerade?" Giuseppe macht immer so allerlei, das weiß ich schon, weil immer das eine, das er gerade am liebsten macht, nicht lebens- oder geldbeutelfüllend ist. Ich habe ihn bei einer Safari in Afrika kennen gelernt, und sogar bei 40 Grad Hitze hat er weder seine gute Haltung noch seinen gelben Seidenschal abgelegt, noch jemals seinen Charme. Seiner Heimatstadt Mailand hat er also alle Ehre gemacht. "Ich bin wieder zurück in meinem Bürojob", teile ich uncharmant mit, "und nebenbei arbeite ich an einem neuen Buch. Es soll um Sachen gehen, die den Namen von Städten tragen, aber die man dann vor Ort nicht finden kann. Ich habe schon jede Menge Beispiele, suche aber immer noch mehr. Da bin ich jetzt über die Piccata alla Milanese gestolpert. Klingt das irgendwie vertraut für Dich? Existiert das? Essen echte Mailänder sowas wirklich? Ich war schon öfter bei Euch in Mailand, habe es aber nie bekommen, was natürlich daran gelegen haben kann, dass ich nur in der Art von Lokalen war, wo es Thunfisch-Carpaccio und schwarze Trüffel gab. Mailänder Salami dagegen ist mir tatsächlich schon untergekommen. Aber wenn Dir diese Piccata spanisch vorkommt – prima! Dann werde ich bei meinem nächsten Recherchetrip vorbeikommen und herausfinden, warum ... Liebe Grüße! Deine Felicia!"

Die Antwort folgt postwendend: „Also, Piccata gibt es schon, aber nur ohne Milanese. Piccata heißt einfach irgend ein Fleisch mit gekochten Tomaten und Petersilie. Ein berühmtes Gericht ist aber Cotoletta Milanese, das ist ganz genau dasselbe wie Wiener Schnitzel, aber sehr berühmt und beliebt." Wir verabreden uns zeitnah zum Schnitzelessen in Mailand.

Mailand. Die Schein- und Sein-Stadt. Kein Wunder, dass dort sogar die Schnitzel Kleider tragen, unter falschem Namen in die Welt gehen, ihre wahre Natur unter goldglänzender Panade verbergen. Aber vielleicht ist diese Annahme über die Stadt genau so falsch wie die, dass dort eine Piccata existiert. Die Piccata alla Milanese findet sich ja zumeist in Kantinen oder auch in alpenländischen Ausflugslokalen, ein Schweineschnitzel in einem Teig aus Mehl, Eiern und geriebenem Parmesan, eben gar nicht dasselbe wie ein Wiener Schnitzel, was damit beginnt, dass Letzteres vom Kalb kommt. In Argentinien, noch weiter entfernt vom Sehnsuchtsland Italien, ist die Milanesa gar ein Rinderschnitzel in Semmelbröselpanade, wahlweise mit roter Salsa oder auch mit Spiegelei belegt. In Japan immerhin ist man weltläufig und nennt das in Bröseln panierte Fleisch artig Tonkatsu: Schweine-Kotelett. Dass man damit dem Mailänder Gericht am allernächsten kommt, ist wahrscheinlich purer Zufall. Wüsste man es, hieße der beliebte Snack sicher „Tonomilano" (die Mailänder würden bei dem Namen eher an Thunfisch denken), aber die Japaner kommen ja zumeist nicht wegen der Speisen nach Mailand, sondern wegen da Vincis „Letztem Abendmahl" und natürlich der Geschäfte wegen.

Außerhalb Mailands findet man alles toll, was irgendwie mit Lifestyle zu tun hat und mit der Stadt in Verbindung steht.

So feierte man in der Mode-PR-Welt frenetisch, dass in der legendären Luxusgasse Via Della Spiga eine „Swatch"-Filiale eröffnet wurde – das zeige, dass die Schweizer Plastikuhren nun im Olymp des Stils angekommen seien. Ich war bei der Shoperöffnung mit großem Brimborium und Champagnerumtrunk dabei und hörte die Mailänder murmeln, dass es mit der Luxusgasse nun bergab gehe, wenn sich so eine Filiale dort breit mache. Demnächst gebe es ja dann wohl dort auch Billig-Turnschuhe oder „Pimkie", und das neben „Versace", „Prada", „Armani", „Dolce & Gabbana". Madonna mia! Was zum Mailänder Lifestyle gehören darf und somit einen Platz in der Via della Spiga verdient hat, möchten die Mailänder schon gerne selbst entscheiden. Mit der Piccata könnte es ähnlich sein.

In weiteren E-Mails verrät Giuseppe dann, dass er zwar gebürtiger Mailänder ist, seine Eltern aber aus Verona kommen. Und er eigentlich Seppi genannt wird. Die eine Verhüllung weg, eine andere dazu. So ist auch die ganze Stadt, als ich ankomme und vor unserem Treffen durch die Modemeilen spaziere. Die Türen der Boutiquen, ob „Prada", „Armani" oder „Tiffany", werden mir von freundlich grüßenden Sicherheitsleuten aufgerissen, die nicht erkennen können, dass meine Handtasche von „H&M" ist und der Mantel vom Flohmarkt. Die Verkäuferinnen sehen das natürlich mit einem Blick und bedienen nur auf Aufforderung. Geizig rücken sie die Waren Stück für Stück aus ihren Vitrinen heraus. Ohne Rolex am Handgelenk wäre ich wahrscheinlich stehengelassen worden. Trotzdem schaffe ich es ohne Mühe, in eineinhalb Stunden über tausend Euro für Kleinigkeiten auszugeben. Nur bei „Douglas" werde ich freundlich und zuvorkommend bedient, obwohl ich dort das günstigste Stück des Tages kaufe, einen lächerlichen Lippenstift. Unfeines hinter feinen Fassaden findet sich in der Innenstadt aber auch noch viel unvermittelter, etwa in der berühmten Einkaufsarkade „Galleria Vittorio Emmanuele II.", einem wuchtigen Prachtbau am Domplatz, mit angeberischer Kuppel und imposanter Fassade ist sie gleichsam die Einfallschneise in das Luxusviertel. Gleich am Eingang jedoch hat sich eine Filiale von „Autogrill" eingenistet, immerhin italienisch, aber dem Urlauber eher bekannt als Betreiber von Autobahnraststätten, mithin alles andere als glamourös. Das Angebot umfasst unter anderem eine Theke von „Burger King" und eine von „Spizzico", Italiens Pizza-Schnellimbiss. Da stehe ich also an einem Essplatz am Fenster, die „H&M"-Tasche mit „Prada"-Produkten drin auf das schmuddelige Bord neben mich gestellt, esse ein „Menu PizzaPata", das ist eine Pizzaschnitte mit Pommes und Cola dazu, und blicke hinaus auf den Domplatz. Vor dem Fenster hampeln Jugendliche herum. Neben mir steht ein dicker alter Mann, der dem Menü sogar noch eine Frucht-Torte hinzugefügt hat. Immer wieder stolzieren zwischen den Normalos auffällige Fashionistas mit den richtig großen Tüten aus der Via della Spiga vorbei. Das Unfeine, das Unpassende wird ignoriert. Wenn die Jugendlichen sich nach den Fashionistas umdrehen, registrieren sie dies nicht einmal, genauso wie die gepflegten Männer mit den glänzenden Schuhen, den feinen Schals und den teuren Brillen mich ignorieren, egal ob ich bei Autogrill im Schaufenster stehe oder einen Blick auf die Timer bei Gucci werfen möchte. Sein ist, wenn der Schein stimmt. Wenn du einfach nur Seppi aus Verona bist, hast du in Mailand wohl wenig zu melden.

Sogar der „Standa Supermercato" nutzt diesen Mailand-Effekt: Im Erdgeschoss, von der Straße aus einzusehen, schön gepflegte Theken mit feinen Broten, Salaten und leckeren Snacks, die von jungen Männern in Schürzen angeboten werden. Wer aber wirklich einkaufen will, muss durch den ganzen Lebensmittel-Showroom, dann hinten eine Treppe runter in den Keller. Dann kommt der eigentliche Supermercato, eng, voll, muffig, mit riesigen Schlangen an den Kassen.

Giuseppe und ich treffen uns schließlich in Brera, im Inviertel des Zentrums, das Quartier Latin von Mailand, sagt er. Im „Café Brera" gibt es weder Cotoletto Impanada noch Piccata. Auch seine Freunde, die er angeblich gefragt hat, haben noch nie etwas von der Piccata Milanese gehört. „Wie, ein Parmesanschnitzel mit Spaghetti und Tomatensauce soll das sein? Igitt!" Also essen wir Kuchen, wir rauchen, trinken Vino und Café in der Sonne. In meinem neuen Kochbuch, gekauft bei „Mondadori" in der Fußgängerzone, habe ich Ossobuco Milanese gesehen – ob er das wenigstens kenne? Sicher, sicher, das liebe er, das ist lecker, besonderes das Innere vom Knochen, das ich hasse. Nebenan wird, Gott sei Dank, Pizza Margherita serviert, Schinkenplatten, Mozzarella mit Tomaten. Bar-Essen eben. Um mir zu beweisen, dass es nicht einmal im echten, traditionellen Ristorante ein paar Häuser weiter solche Verirrungen zu essen gibt, fragt er den schmierigen Schlepper, der im Nadelstreifenanzug in der Gasse steht und die Gäste einweist. Ja, doch, doch, sagt der, das hätten sie schon, das sei ein leichtes Kalbsschnitzelchen mit Gewürzen, in Brühe zubereitet, etwas Leichtes im Gegensatz zum panierten Cotoletta, eher mediterran. Aber eigentlich nicht typisch für hier, man sei ja schließlich im Norden. Giuseppe sagt zu diesem Thema erstmal nichts mehr und meint dann, dass es hier in Brera ja doch sehr touristisch sei, schon schön, aber halt, naja, schon etwas für die Fremden.

Da ist er wieder, der Mailand-Effekt, das Schein und Sein und Zu-Sein-Versuchen. Fare bella Figura, wo man auch hinsieht. Da bietet das Lokal, das auf ausländische Gäste schielt, also doch die Piccata Milanese an, aber es ist nicht das, was man erwartet, sondern das, was das Lokal meint, das die Gäste erwarten, nämlich etwas Mediterranes, Feines, schließlich sind sie ja in Italien. Dass die deutschen Gäste, so sie denn zu Hause Kantinenesser sind, mindestens überrascht, wenn nicht gar enttäuscht sind? – Egal! Man hat schließlich einen Ruf zu verteidigen. Nicht einmal ein Schnitzelchen kommt in eine beliebige Verpackung. Das wäre so, als würde

"Prada" in der Via Della Spiga die gekauften Waren nicht mehr in Seidenpapier einschlagen, in eine weiße Kartontüte mit einer kleinen Schleife stecken und dem Kunden überreichen, sondern sie einfach wie bei „Mondadori" in eine fiese, laut raschelnde Plastiktüte packen.

Später fahre ich mit Giuseppe durch die Stadt, da parkt er den Wagen in zweiter Reihe, springt in eine Bäckerei im 50er-Jahre-Stil und dem Firmennamen „Panarello" in einer Art Westernschrift über der Tür, kommt mit einer großen, weißen Papiertüte wieder zurück und sagt: „Da! Probier! Das sind Cantuncini, die besten der Welt, und überhaupt das beste, was es in Mailand zum Naschen gibt." Es sind kleine Blätterteighörnchen, außen zuckerknusprig, sodass ich beim Hineinbeißen erwarte, dass das Gebäck im Mund explodiert und dann mit seinen trockenen Krümeln allen Speichel im Mund aufsaugt. Aber es wäre kein Mailänder Gebäck, wenn die Hülle nicht eine Überraschung verbergen würde, in diesem Fall eine üppige Füllung aus Vanillepudding. Wir bröseln mit den Cantuncini im Auto herum, lassen die Seitenscheiben herunter und die sonnenwarme Luft streicht herein. An einer Hauswand hängt eine riesiges Werbeplakat, auf dem steht: Der Urlaub, der ihr Leben verändern wird. „O-ho!", sagt Giuseppe, und ich sage: „Lass uns das buchen!"

Wenn ich richtiges Abendessen haben wolle, lecker und sehr italienisch und natürlich auch ein bisschen typisch mailändisch, solle ich am besten zu „I Matteoni" gehen, sagt Giuseppe. „Brera, pfft, wer geht dort schon hin." „I Matteoni" sei toll, weil es eines von drei verbleibenden Lokalen in Mailand sei, die ein Raucherzimmer hätten, und weil es ein Freund von ihm betreibe. Das Essen sei natürlich auch lecker. So. Er selbst hat keine Zeit mitzugehen, aber er zeichnet mir eine Karte, wie man dort hinfindet und organisiert eine Reservierung. Perfetto. Da sitze ich dann also, mitten in der Mailänder Samstagnacht...

Die Matrone von Chefin, die Juniorchefin, der Kellner, alle wissen Bescheid: Das ist die Dame, die Giuseppe geschickt hat. Ich bin tatsächlich im Raucherzimmer untergebracht, natürlich die einzige allein speisende Person im Lokal. Es ist ein Ort, den nur Wissende finden können, die Fenster mit weißen Laken zugehängt, sodass es dem äußeren Augenschein nach auch eine Arztpraxis sein könnte, eine Motorradwerkstatt oder der Raum einer Kinderkrabbelgruppe. Hinter der Eingangstür sagt aber sofort die Vitrina, was gespielt wird. Sie ist voll mit eingelegten Antipasti und auf der Anrichte steht ein halb verzehrter Parmaschinken, aus dem der Knochen herausragt wie ein Schaltknüppel.

„Prosecchino!", sagt der Kellner, schenkt ein und stellt mir einen Teller mit frittierten Bällchen hin, die auf braunem Packpapier liegen. Sie könnten aus Kartoffelteig sein, aus Fleisch oder Thunfisch, vor allem sind sie fettig, aber außen knusprig und innen fluffig. Die Pastasauce Fiorentina zur Vorspeise besteht aus derben, großen Fleischbrocken, und dann, hurra, erwarte ich die Cotoletta alla Milanese. Die soll genau so sein wie Wiener Schnitzel und nicht mediterran, weil man ja im Norden ist. Es kommt – ein frittiertes Monstrum von paniertem Fleisch am Knochen, auf Packpapier angerichtet. Ein profanes Ding, das nach Imbissbude riecht, auf der Karte aber einen stolzen Preis hat. Die Panade ist dicker als das Fleisch und tatsächlich: es ist eine richtige Wiener-Schnitzel-Panade, kein Parmesan, keine Kräuter, keine Extras. Das ist ein Essen, das einen warm macht, und ich frage mich, wie die es hinbekommen, dass das Fleischteil selbst ganz dünn geschnitten ist, hinten aber ein dicker Knochen dranhängt. Es ist ehrlicher Batzen Kalorien, ohne auch nur einen winzigen Schnitz Zitrone zum Drüberträufeln. Bei diesem Ding gibt es keinen Mailand-Effekt, es ist so direkt wie eine Ohrfeige, so stilvoll wie ein Gummistiefel, so unmissverständlich wie ein Stoppschild. Kein Wunder, dass es kein Exportschlager wurde, denn dass sie dieses Monstrum gerne essen, behalten die Mailänder zu Recht für sich. Wie würde denn das zur Via della Spiga passen? Sie bewerben es nicht wirklich als typische Leckerei, sondern lassen die Fremden lieber glauben, dieses Ding sei identisch mit dem Ding im Eier-Käse-Teig und den Spaghetti. Wenn dann doch jemand das panierte Stück bestellt und sich wundert, kann man sich ja immer noch damit rausreden, dass es einen Unterschied zwischen Cotoletta und Piccata gebe. Ich trinke ziemlich viel Vino della Casa dazu. Statt der Rechnung legt mir der Kellner am Ende eine Rose auf den Tisch – Giuseppe habe ihm am Telefon gesagt, der Abend gehe auf ihn.

Dann stehe ich da mitten in der Mailänder Samstagnacht, beschwipst, mit einer Rose in der Hand – und allein. War das nun ein Date oder war es keins? War das doof oder süß von ihm? Will der was oder will der genau nichts? Und warum schickt er vorhin lauter SMS, ob alles in Ordnung sei, wenn er jetzt, wo ich mich bedanken will, nicht ans Telefon geht? Was ist denn da los? Schein? Sein? Die Mailänder sehen eine sehr schön angezogene Frau auf Highheels durch die Nacht gehen, mit einer langstieligen Rose in der Hand und ein paar Tränen auf der Wange. Niemand wundert sich.

JAPAN-ÖL

Sich in der Fremde verlieren, loslassen und das Vetraute finden

In Tokyo stehen zahllose Hotels, in Holzbuden am Vulkan Fuji sind Fuji-Filme oder Fuji-Einmalkameras zu kaufen, in Sapporo ein artiges Bier, in Kobe luxuriöses Rindfleisch und in Kawasaki alltägliche Motorräder. Auch sonst macht Japan seinen Namen alle Ehre, indem es Sushi bewirbt und in Karaoke-Bars lockt, mit vollgestopften U-Bahnen aufwartet und meinen Tokyoter Freund Tadashi immer im dunklen Anzug aus dem Haus gehen lässt, obwohl er für japanische Verhältnisse ein Individualist ist, weil er die Haare lang trägt und gerne auf die Krawatte verzichtet. Japan bedient auch ausgiebig das Vorurteil, befremdlich und irritierend zu sein, ein Industrieland mit scheinbar westlicher Benutzeroberfläche, die den Westler aber trotzdem immer wieder ins Leere laufen lässt. Es sind dies die Momente, in denen man sich besonders fremd fühlt – wenn der dünne Vorhang des Gewohnten plötzlich reißt und sich dahinter unbekannte, unverständliche Welten auftun. Wenn sich etwa der Zugschaffner tief verbeugt, bevor er das Abteil betritt. Wenn eine Verkäuferin mit spitzem Mund „Oooooohhhhhh!" und „So-so-so-so-so!" ausruft, als man ihr im „Point it"-Sprachführer ein Foto mit Slipeinlagen zeigt, die man haben möchte, weil man auf den Packungen in den Regalen leider nichts lesen kann. Wenn der Anzug tragende Sitznachbar in der U-Bahn während der Fahrt einschläft, zur

Seite kippt und den Kopf auf die Schulter der Fremden legt. Wenn in der traditionellen Kneipe gefordert wird, die Schuhe auszuziehen und in ein Schränkchen zu stellen und dann vor der Toilette Klo-Pantoffeln stehen, damit man nicht strumpfsockig in die Nasszelle gehen muss.

Die natürliche Reaktion ist Panik und Flucht – aber das bewährt sich nur in echten Notfällen. Solche von interkulturellen Verwerfungen eindeutig zu unterscheiden gelingt nicht jedem. Der weltgewandte Reisende hat gelernt, die Panik zu unterdrücken, genau wie er als Dreijähriger gelernt hat, wildfremden Menschen, die die Eltern als Freunde bezeichnen, artig die Hand zu geben, sie sogar Tante zu nennen, ihre Geschenke anzunehmen und sich von ihnen den Kopf tätscheln zu lassen. Die angeborene Angst vor dem Fremden zu überwinden ist einer der ersten Siege der Vernunft, aber er ist mit bitterer Währung erkauft: Demütigung. Bevor man sich nämlich von der blöden Tante und den eigenen Eltern auslachen lässt, gibt man eben die Hand.

Bevor man sich also vor der versammelten Japaner-Truppe in der Kneipe zum Schweinchen vom Dienst macht, zieht man die von tausenden Vorgängern getragenen Toilettenslipper an, obwohl sie einem unhygienischer vorkommen als der blitzsaubere Fußboden. Aber weil die alte Angst immer noch im Bauch sitzt, muss das Befremdliche lächerlich gemacht und damit entwertet werden. Über den ich lache, den kann ich nicht fürchten. Wenn ich es doch tue, werden es zumindest die anderen nicht merken und nicht über mich lachen, sondern über das Befremdliche. Und so wurden viele Essays und Glossen, ernsthafte Reportagen und schnell hingeworfene Witzbücher über die Eigenarten der Japaner geschrieben, in denen es weniger darum geht, das Verhalten der Japaner und dessen kulturelle Hintergründe zu erklären, sondern alle Aspekte, die dem Westler befremdlich vorkommen, der Lächerlichkeit preiszugeben. Dass diese Eigenarten in Japan ganz gewöhnliches Alltagsverhalten sind, zeigt die Reaktion der Japaner, wenn man sich nicht korrekt nach ihrem Kodex verhält. Wer sich in der Schlange vor den U-Bahn-Türen vordrängelt, als wäre er in Hamburg oder Frankfurt, wird aus sehr schmalen Augen sehr, sehr böse angefunkelt. Wer mit Straßenschuhen in eine Herberge marschiert, bekommt eine Ansage im Befehlston der Samurai-Krieger. Und wer über den kippelnden U-Bahn-Schläfer kichert, wird von Tadashi scharf zurechtgewiesen. Als Fremder in der Öffentlichkeit über Japaner zu lachen ist der Gipfel der Respektlosigkeit.

Wenn jemand in Tokyo mit Recht lacht, dann die Japaner über die Ausländer, die keine Ahnung von gar nichts haben und nicht einmal die einfachsten Benimmregeln berücksichtigen, die man dort schon Kleinkindern beibringt. In Wirklichkeit bricht nämlich auch bei den Japanern Panik aus, wenn jemand durch die dünne Reispapierwand ihrer Zivilisation bricht wie ein Borstenschwein, das sich in die Stadt verirrt hat. Früher hat man solche Eindringlinge und Ruhestörer, nicht nur in Japan, tendenziell verjagt, bevor sie Schaden anrichten konnten. Heute, in anerzogener Weltgewandtheit, wird der Fremde toleriert, wenn auch zunächst misstrauisch beäugt, seine Verfehlungen werden qua Verstandesleistung hingenommen, ja entschuldigt. Wenn er damit jedoch die Ordnung bedroht, kommt Panik auf. Damit das niemand, erst recht nicht der Fremde selbst, bemerkt, wird wieder einmal gelacht. Etwa, wenn die Fremde im südjapanischen Ibusuki nackt mitten im Badehaus steht und erst dort begreift, dass sie das Mini-Handtuch besser nicht auf nimmer Wiedersehen in diesen kleinen Schacht bei den Duschen hätte werfen sollen. Wenn sie im Laden mit rudernden Armen zu erklären versucht, dass sie die Sandalen gerne in einer anderen Farbe hätte. Wenn sie in einem anderen Laden eine wilde Mischung aus Schokolinsen, Puddingpulver, Manga-Sammelbildchen und Kondomen kauft, weil sie scharfe Pfefferminzbonbons haben will und die Verpackungen alle danach aussehen, als könnten welche drin sein. Ausgelacht werden kann man in Japan bei ziemlich vielen Gelegenheiten. Besonders gefährdet ist die japanische Kultur immer dann, wenn Fremde essen – und besonders bedrohlich ist sie für die Fremden, wenn sie Japanisches essen müssen. Daher ist es im traditionellen Restaurant für alle Beteiligten besonders lustig. Während der Fremde versucht, einen großen Pott Suppe mit unbekannter Einlage mit Stäbchen leer zu bekommen, hat er große Chancen, dass die Gruppe am Nebentisch noch eine Runde Bier bestellt. Das Slapstick-Schauspiel, wenn der Fremde mit Stäbchen erstaunliche Dinge in schillernden Farben aus der trüben Brühe fischt und auf dem Weg zum Mund gelegentlich wieder fallen lässt, wollen sie sich auf keinen Fall entgehen lassen. Die Japaner lachen, um die Bedrohung für ihre Jahrhunderte alten Tischsitten abzuwenden. Der Fremde lacht, weil er sieht, dass die wundersame Suppeneinlage – im Gegensatz zu anderen japanischen Spezialitäten – wirklich tot ist und ihn nicht in den Gaumen beißen kann.

Essen ist etwas Elementares, dabei treten Unterschiede besonders deutlich hervor, ist das Fremde und der Fremde bedrohlicher als bei anderen Gelegenheiten. Probleme beim Kauf einer U-Bahn-Fahrkarte, beim Finden des Ausgangs im Mega-Bahnhof Shinjuku oder beim Lesen der eben aus der Lostrommel gezogenen Prophezeihungen im Tempel von Akasaka sind mit Humor zu bewältigen, weil das Ergebnis in jedem Fall das gleiche sein wird: Irgendwann kommt man durch irgendwelche himmlischen oder irdischen Mächte an sein Ziel. Diese Macht kann auch die Gestalt meines Freundes Tadashi haben, der mich im Bahnhof Shinjuku abholt und meint, mein weißes, pausbäckiges Gesicht sei in der Masse der Japaner, die sich zur Rush Hour durch die Gänge drängeln, recht leicht auszumachen gewesen. Es hat auch Vorteile, komplett fremd zu sein; man wird zumindest leicht gefunden. Tadashi, ein gemütlicher Zeitgenosse, brachte mir in seiner unaufwändigen Art auch bei, dass die Speisen in Münchner Japan-Restaurants nur für Anfänger sind und japanische Spezialitäten zum einen nur in Japan erhältlich sind und zum anderen auch nur von Japanern gegessen werden sollten. Umgekehrt, so die einhellige Meinung aller mir bekannten Japaner, sollte der Schokoladenpuffreis Nippon wirklich nur von Deutschen gegessen werden, da es ihn in Japan zu Recht nicht gebe. Wäre ja auch zu einfach gewesen.

Tadashi und ich saßen im Aussichtslokal eines Hochhauses mit Blick auf das noch höhere Rathaus von Tokyo. Tadashi bestellte Spezialitäten, eine nach der anderen. Es ist in Japan nicht etwa so, dass jeder seinen eigenen Teller mit seiner eigenen Vor-, Haupt- oder Nachspeise bekommt, sondern man bestellt eine Delikatesse nach der anderen, die sich alle am Tisch teilen, ein Feuerwerk aus kleinen kalten und warmen Snacks. In fast allen steckt mindestens eine Zutat, die zu Lebzeiten im Meer geschwommen ist. Nicht immer können Nicht-Japaner feststellen, ob es sich bei dem Snack auf dem Teller um tierische oder pflanzliche Bestandteile handelt. Rohe Fische: Einfach. Nur andere Sorten als in München. Mit Lachsfilet fangen sie in Tokyo gar nicht an. Großblättriger Algensalat, auch in Ordnung. Frittierte Tintenfisch-Hack-Bällchen: Kann ja jeder essen ... Bis man auf seltsame, harte Sachen in den Bällchen beißt und sich vorstellt, das wären die gehäckselten Schnäbel der Tiere. Yakitori, gegrillte Hühnchenspieße: Ein Traum, wenn man nicht gerade den Westler-Feigling raushängen lässt, nach dem Spießchen mit den weißesten Fleischteilen greift und sich einen Mund voll davon genehmigt. Mitnichten handelt es sich dabei um zartes Brustfleisch, sondern um fleischfreie Knorpelteile vom Huhn. „Sehr gesund für die Knochen", sagt Tadashi, aber von Menschen nicht mal annähernd zu kauen. Dann kommt ein kleines Ton-Öfchen auf den Tisch, über einem glühenden Kohlestück liegt ein Mini-Rost. Es werden getrocknete Fisch-Häute gereicht, in kleine Quadrate geschnitten, auf der einen Seite silbrig glänzend, auf der anderen weiß und fettig. Tadashi legt eine auf das Öfchen, sie fängt an, nach verbrannten Autoreifen zu riechen und die silbrige Seite wirft Blasen. „Probier mal", sagt Tadashi. Danke, gerne, aber nur eine.

Nach einigen Tagen in Japan, vielen erstaunlichen Lebensmitteln, nach Irrfahrten, Gelächter, Fehlkäufen, beschleicht mich ein Gefühl essenziellen Fremdseins. Der Jetlag ist überwunden, der Kopf wieder klar, dem Rausch des Neuen folgt der Kater des Verlassenseins. Wenn das Fremde die Übermacht über das Vertraute bekommt, stellt sich außer Staunen auch elementare Unsicherheit ein, als wäre man im Nebel auf einem zugefrorenen See ausgesetzt worden, in den man jeden Moment einbrechen könnte. Man kann sich ins Hotel verziehen, über Japan schimpfen und hinterher ein Witzbuch kaufen oder beschließen, sich dem Fremden auszuliefern und alles andere einfach als gegeben annehmen. Ein Etappensieg. Kalte Reisbällchen mit Algenkrümeln und Krabben-Mus gefüllt? Es gibt keinen besseren Snack. Bauarbeiter mit knöpfbaren Stoffstiefeletten, die ein eigenes Fach für die große Zehe haben? Coole Socken. Sich verbeugen, wenn man die Herberge verlässt? Aber selbstverständlich. Siehe da, das ewige Gelächter hört auf.

Dann passiert etwas, mit dem ich nicht mehr gerechnet hätte: Ich kaufe in einem Kiosk in Kamakura, tief im Süden, eine kleine Dose mit weißen Kügelchen, stecke eines davon in den Mund, beiße darauf, und als das Gelee-Kügelchen platzt und sich sein Inhalt auf die Zunge ergießt, explodiert in meinem Mund ein schon seit der Teeniezeit vergessener Geschmack. Scharfe Minze, Menthol und irgendwelche Kräuter, eine fettige Textur auf der Zunge, ein Brennen im Rachen, das ist – Japan-Öl! Ich hatte vergessen, dass es existiert. Man konnte es in den 80er Jahren im Geschenk- und Esoterikladen in einem kleinen

Fläschchen kaufen, es steckte in den Außentaschen unserer Schulrucksäcke und wir träufelten es bei Erkältung oder für guten Atem direkt in den Mund. Auch als ein Art Mutprobe; die ganz scharfen Minzbonbons gab es in der Zeit noch nicht. Japan-Öl! In der fernsten Fremde habe ich völlig unerwartet etwas Vertrautes gefunden. Wenn ich es gesucht hätte, wäre ich verzweifelt, und hätte hier eine Geschichte darüber schreiben können, dass es in Japan kein Japan-Öl gibt. Und wieder hätte man ein Neues Fake ins Regal stellen können, direkt neben den Nippon-Puffreis. So aber kann ich vermelden: Niemand ist nirgendwo jemals verloren. Weil es nur einer Winzigkeit bedarf und man ist auch am fernsten Ort der Welt zu Hause.

KARLS-
BADER

Karlsbad – Version 1.1 bis 3.1

Die auf einem Podest stehende Wanne sieht so aus, als könnten Menschen darin hingerichtet werden, oder zumindest gehäutet, an den Gliedmaßen amputiert oder mit Stromschlägen reif für die geschlossene Psychiatrie gemacht. Tief ist diese Wanne, voller kleiner Löcher, mit Schläuchen und Kabeln am Nabel der Haustechnik hängend, und mit einem Computer versehen, auf dessen Terminal Piktogramme verschiedener Körperteile blinken. Blick- und vermutlich auch schalldicht ist die Kabine, in der diese Wanne steht. Die Frau im weißen Kittel, die über das Kabinett wacht, sieht aus, als wäre sie zu allem fähig. „Auszieh!" befiehlt sie, „alles!", und dann „Kopf! Hier!". Wenigstens schön warm ist das Wasser. „Fünzähn Minut!" Sie schaltet den Wannencomputer ein, schließt die Kabinetttür und die Wanne fängt an zu rumpeln und dann aus allen Löchlein zu sprudeln. Kleine Leuchten in ihren Seiten zaubern wechselnde Lichteffekte ins brodelnde Wasser. Lila. Grün. Gold. Jede Minute wechselt der Automat die Stelle, an der es am meisten blubbert. Das ist also ein Perlbad, kredenzt im „Zámecké Lazne", dem teuersten und feinsten Spa der Stadt. Es ist das Must Have für alle Wellness-Sucher und Kurgäste in Karlsbad. Ein Erlebnis, das wirklich prickelt, und dabei auch noch gesund ist.

Karlsbad. Das ist die Perle des ganz, ganz nahen Ostens. Märchenstadt mit goldenen Kuppeln und edlen Quellen, in der lauter Wunder zu bestaunen sind und aus der lauter Wunderdinge kommen. Für jedes Land ein anderes. Karlsbader Oblaten für die Westdeutschen. Karlsbader Schnitten für die Ostdeutschen. Karlsbader Schuhe für die Ungarn. Karlsbader Beschlüsse für die Bewohner untergegangener Reiche. Karlsbader Mineralsalz für die Siechen untergegangener Reiche. Und jedes Ding hat seine eigene Geschichte. Es gibt in dem kleinen Städtchen also viel zu entdecken. Zunächst einmal die Tatsache, dass Karlsbad offiziell Karlovy Vary heißt.

Kleiner Test: In welchem Land liegt Karlovy Vary? Im Sudetenland, würde mancher Großvater gesagt haben. In Böhmen, würden die Bayern und Österreicher meinen. In Tschechien diejenigen, die vorsichtshalber auf der Karte nachgesehen haben. Mitten in Europa, würden die Tschechen entgegnen. Auf dem Weg zwischen Prag und Dresden, wissen busreisende Kulturtouristen aus Ostasien. Im Schlaraffenland, finden die Russen. Zumindest diejenigen, die tagsüber in Trainingshosen und Sportschuhen durch das Kurzentrum watscheln, ihren gestiefelten und geschminkten Herzdamen beim Einkauf von Pelzjacken und Granatschmuck oder Designer-Steppjacken zusehen, abends dann laut palavernd Entenbraten mit Knödeln und Bier verdrücken, um am nächsten Morgen wieder artig am Thermalbrunnen zu stehen und Wässerchen aus der goldgerandeten Schnabeltasse zu nippen.

Die Schnabeltasse aus Porzellan ist der inoffizielle Kurausweis der Karlsbad-Besucher. Sie zeigt, dass man ernsthaft gesundheitsurlaubt und nicht nur auf einen Tagestrip hereingeschneit ist. Die Brünnlein sind entlang der Kurmeile verteilt, meist kniehoch, immer warm und salzig, manchmal heiß, mal rauschend, mal tröpfelnd, mal sprotzend. Die deutschen Besucher, unauffällig unter die Russen gemischt, halten die Tassen gerne kräftig mit der ganzen Hand umfasst. Die Japaner – auch die sind hier, aber meist nur für einen Tagesausflug und keineswegs im Perlbad – kaufen die kleinsten Tässchen und quieken, wenn sie das außer nach Salz auch nach Metallen und einem Hauch Schwefel schmeckende Wasser probieren, das die Russen wortlos und ohne mit der Braue zu zucken becherweise trinken.

Noch so ein Wunder von Karlsbad: Jeder bekommt etwas anderes aus der Quelle, so wie jeder das Städtchen anders benennt und verortet, jeder ein anderes Produkt damit verbindet. Jeder hat sein eigenes Karlsbad.Das war vor 300 Jahren schon nicht anders, als Karlsbad, damals auf dem böhmischen Gebiet der Habsburger-Monarchie gelegen, auf der internationalen High-Society-Landkarte mit einem dicken, roten Punkt eingezeichnet wurde. Trinkkuren waren da besonders schick, Badekuren gerade erst im Kommen. Es traf sich, dass der Sage nach schon Kaiser Karl IV. im 14. Jahrhundert bei der Jagd am Ufer des Flusses Teplá eine Quelle entdeckt haben soll. Nach ihm ist der Ort benannt, und „Vary" heißt so viel wie „kochend". Ein vom Kaiser gehetzter Hirsch soll mitten in der Wildnis ins Quellbassin gestürzt sein, die Jagdhundemeute direkt hinterher, es gab ein großes Heulen und Jaulen, und von da an war der Ort keine beliebige Wildnis mehr.

Das ist Karlsbad, Version 1.0: Kaiserlich geadelter Platz, ausgerechnet von dem Regenten, der auch sonst goldene Zeiten für sein Land Böhmen brachte. Ein Ort in einem Flusstal, das eher eine Schlucht ist, von wilden Wäldern umgeben, zischend vor Schwefel. Tatsächlich gab es an der Teplá schon ein Dorf, als Karl dort mit einer Jagdgesellschaft eintrudelte, und die Quelle hatte man natürlich auch längst entdeckt. Aber Kunde davon verbreitete sich erst mit der Geschichte von der Jagd.

Virales Marketing nennt man das heute. Die Dörfler, nicht faul, bauten Unterkünfte, die Menschen süffelten aus der Quelle und berichteten allerlei Gutes, wenn sie wieder zu Hause waren. So eine Kur dauerte mal länger, mal weniger lang, meistens jedoch länger, als sich der werkelnde Durchschnittsmensch genehmigen konnte.

So entstand Karlsbad, Version 1.1.: Das feine Kurbad. Nicht Krehti und Plethi, sondern Kaisers, Königs und Kurfürsts ließen sich dem Gesundheitstrend folgend nach Böhmen kutschieren. Wo man in Karlsbad auch den Boden anbohrte, kamen neue Wässerchen zum Vorschein. Zudem kam man darauf, sich in das Wasser auch hineinzusetzen. Mit der Güte der Besucher wuchs auch die der Häuser. Der Herr Goethe kam vorbei und befand 1812: „Weimar, Karlsbad und Rom sind die einzigen Orte, wo ich leben möchte." Angeblich naschte Goethe nicht nur am Heilwasser, sondern auch an Marie Louise, der jungen, zweiten Ehefrau Napoleon Bonapartes (Version 1.2. mit Add-On: Laszives Karlsbad). Woran Letzterer in Böhmen genau naschte, ist nicht ganz klar, aber er verbrachte zusammengerechnet fast zwei Jahre seines Lebens an der Teplá.

Ihm wiederum verdankt Karlsbad indirekt seine Version 2.0: Das bürgerliche Paradies. Adel war durch Napoleons Kriege schon ausgesprochen out. Feist getafelt wurde auch an großbürgerlichen Tischen, entsprechend schlecht ging es den Bürgersbäuchen, die dann auch entsprechend erholungsbedürftig waren. Nett wollte man es haben auf der Kur, also fasste man die Karlsbader Quellen in artige Becken, baute Wandelhallen drum herum, Pavillons, Parks, Promenaden. Da man in dieser Zeit gerne romantisch in die Natur schweifte, erwanderte man sich die Umgebung der böhmischen Wälder und Hügelchen, auf denen kleine Aussichtstürmchen heranwuchsen und erbauliche, benutzerfreundliche Pfade wie der Goetheweg entstanden. Karlsbad 2.1.: Die Wanderdestination.

Wie schon Goethe wollten auch die Herrn Bürger mal etwas naschen, so auch der Engländer Doktor Frobrig, der zum Wassertrinken kam, im Haus des Apothekers Johannes Becher wohnte und an den langen Abenden mit Zutaten aus dem Fundus des Hausherren den Englischen Bitter zusammenstellte, einen süßen und würzigen Verdauungsschnaps, die Alternative zum salzigen Quellwässerchen. Der Apotheker Becher und seine Nachfahren hatten somit im Jahr 1807 die „13. Quelle" erschlossen, perfektionierten ihren Likör, setzten nahezu wöchentlich mehr davon an und wurden mit ihrem „Becherovka" weltberühmt. Karlsbad 3.0.: Metropole der Markenprodukte. So zumindest verbreitet es das heutige „Jan Becher Muzeum", allerdings eher eine Verkaufsveranstaltung, bei der es egal ist, in welcher Sprache der Besucher mitmacht. Die alten Fläschchen und Fotos, die Medaillen von den Gewerbeausstellungen, die bemalten Fässer im ehemaligen Lagerraum erklären sich von selbst, die Probeschnäpse eigentlich auch. Danach gibt es ordentlich Rabatt auf die Literflasche des Klassikers „Becherovka".

Eben dieser ist es, der Karlsbad die Einführung neuer internationaler Markenprodukte heute trotz EU und zentraler Lage schwer macht. Wie Bleigewichte hängen Tradition und Nostalgie den Unternehmern und der Stadt an den Füßen. Die übermächtige Aura des „Becherovka" sowie seiner Epoche ist kaum zu überstrahlen, und da wären ja noch andere Meilensteine der Karlsbader Markenwelt: Das Mineralwasser „Mattoni" zum Beispiel, mit einem spät-imperialen, stilisierten Adler als Wappentier. Nicht so salzig wie die Thermalquellen, sprudelnd oder still, damit erfreut es seit 1873 die tschechischen Soda-Freunde. Neuerdings auch mit Zitronen- oder Orangengeschmack, gehört es heute zu den hochpreisigeren Erfrischungs- und Lifestylewässern, ist in ganz Tschechien beliebt und wird von Besuchern gerne für einen italienischen Import gehalten. Dass „Mattoni" aus Karlsbad kommt, steht nur ganz klein auf dem Etikett. Als ob man sich dafür schämte und darauf anspielen möchte, so international wie die neue Konkurrenz „Evian", „San Pellegrino" oder „Vittel" zu sein.

Die Karlsbader Oblaten dagegen, als ältestes Markenprodukt der Stadt, sind zumindest den meisten Deutschen ein Begriff. Seit dem 17. Jahrhundert werden die knusprigen Teigplatten in Karlsbad gebacken. Im Teig wird Mineralwasser aus den Quellen verwendet, in der Füllung fand sich früher sogar manchmal Mineralsalz. Heute kommen Zucker- statt Salzkristalle zwischen die Platten, und allerlei Leckereien, aber der Witz an der Sache ist immer noch das Mineralwasser, finden zumindest die Karlsbader Oblaten-Bäcker. Die deutschen und anderen Nicht-Karlsbader Hersteller von Karlsbader Oblaten sehen dies anders und setzen auf Butter-Aromen, feine Nüsse und andere Extras, führen das Traditionsprodukt damit ad absurdum. Was einst eine tragbare Trinkkur war, wird so eine trockene, altmodische bis altbackene Süßigkeit. Doch sogar, wenn sie aus Bayern kommt, ist auf der Karlsbader Oblate ein sprudelnder Brunnen abgebildet. Aber dieses Emblem ist auch auf den Deckeln der Karlsbader Abwasserkanäle zu sehen.

In der Sprudelkolonnade schmecken die warmen Oblaten jedenfalls besonders lecker. Die Oblatenfrau bäckt sie gleich in ihrem Stand an einer rotierenden Maschine. Für sieben Kronen das Stück packt sie die warmen Oblaten in eine Papiertüte, wo sie nur so lange bleiben sollten, bis man die Schnabeltasse an der Sprudelquelle gefüllt und einen Platz auf einer der Bänke eingenommen hat. Warme Oblate und Thermalwasser, das sind gute Freunde. Während man knabbert und auf die Jacke bröselt, ist der spätsozialistische Natursteintempel zu bewundern, den man der Sprudelquelle in den 80er Jahren errichtete. Der Sprudel selbst schießt in einer hohen Fontäne in eine Glaspyramide und fällt dann in ein rundes Becken, wobei ein unrhythmisches, metallisches Klappern entsteht.

Bewusst und mutig setzt sich dieser Arbeiter-Erholungskasten von der Zuckerbäckerarchitektur des restlichen Kurzentrums ab. Man hat all die Schnörkel und Stuck-Gesichter ignoriert und etwas Neues geschaffen, das die Version des sozialistischen Karlsbad (Karlovy Vary S.O.C.) darstellen sollte. Kein Wunder, dass Russen den Sprudel lieber meiden und bevorzugt zwischen den dorischen Säulen der Mühlbrunnenkolonnade flanieren. Beim sozialistischen Sprudel findet man die Deutschen und erneut die Japaner, die besonders die Fontäne bewundern, sich von den Oblaten fern halten, aber am Souvenirstand in der Auswahl an bunten Badesalzfläschchen stöbern oder in den in rostfarbenem Salz erstarrten Rosen, die man im Untergeschoss des Sprudelhauses in den Thermalwasserdampf hängt, der alles mit der roten Kruste überzieht. Karlsbader Rosen nennen die Souvenirhändler das, aber weit über die Grenzen hinaus hat sich die Existenz dieses Produktes noch nicht herumgesprochen.

In Karlsbad, Version 3.1, konsumorientierter Nobel-Treff des 19. Jahrhunderts, wäre es kein Problem gewesen, dieses Produkt zu lancieren und weltweit zu vermarkten, so wie es in dieser Zeit auch die Karlsbader Schuhe auf alle feinen Parketts der Welt schafften. Womöglich hat man sie schon getragen, als in Karlsbad die Karlsbader Beschlüsse gefasst wurden, jene traurige Sammlung konterrevolutionärer Gesetze von 1918, die unter Metternich und Co. die Meinungsfreiheit aufhoben und weitere rückständige Ideen zementierten. Von den Beschlüssen hat man schon einmal etwas in einer TV-Doku gesehen oder in der Schule gehört, bei den Schuhen wird es schon schwieriger. Ein Budapester ist ein Herrenschuh aus feinem Leder, in der Form gerade, voluminös und schnörkellos, unauffällig geschnürt und hochwertig zwiegenäht. Damit er bei all der Schwere noch elegant ist, verpasst man ihm eine Verzierung aus gelochtem Leder. Teuer, solide, edel, fein, exklusiv, aber ein wenig aus der aktuellen Form: ein Schuh wie Karlsbad 3.1.

Mit eben solchen Schuhen spazierte man im 19. Jahrhundert bevorzugt in das Grandhotel „Pupp", zu dieser Zeit eines der führenden Hotels Europas, in dem jeder Salonlöwe, der etwas auf sich hielt, gesehen werden wollte, zocken, trinken und natürlich kuren konnte. Nicht nur die Deutschen und Sudetendeutschen natürlich, auch die Bürger der Habsburgerzone, die Österreicher, die Ungarn und die Böhmen schätzten Karlsbad für guten Stil und Kultiviertheit. Sie alle wollten Karlsbader Schuhe haben, besonders die Ungarn, die sie bald auch in Budapest herstellten, damit auch diejenigen, die nicht nach Karlsbad reisten, auf feinen Sohlen die Donau entlang tigern konnten. Donauaufwärts wollte man das natürlich auch, und kaufte daher die Budapester Schuhe. Budapester. In Budapest genannt: Karlsbader. In Karlsbad hingegen: heute ausgestorben.

Als kurbadender Russe trägt man Freizeitschuh und Sandale, Pantoffel gar. Maximal einfache braune Lederslipper mit Gummizug an der Lasche und Kreppsohlen. Altherrentreter. Als moderner Russe mag man die natürlich nicht. Wem die Sport- und Freizeitschuhe zu proletarisch sind, nimmt geschnürte Lederschuhe mit langer, leicht nach oben gebogener Spitze, das Leder bisweilen etwas zu glänzend. Für die Dame dürfen es Stiefel sein, gerne hoch, gerne mit Plateausohle, am liebsten in Lackleder oder Schlange. Und die Deutschen? Schlurfen auf Ecco, Geox und Ara einher, im Sommer mit Socken in Herrensandalen, und treten damit auf ihre Art die Mutterstadt des edlen, bürgerlichen Männerschuhs mit Füßen.

Viele Bekleidungsboutiquen gibt es heute im Kurzentrum von Karlsbad. Sie brüsten sich mit den Namen internationaler Designer, stellen Pelz und Gestricktes ins Schaufenster, aber wenn man handgearbeitete Karlsbader haben will, muss man schon nach Budapest fahren. Dort sollte man aber keinesfalls nach Budapestern fragen, weil sonst die Ungarn antworten, dass sie die leider nicht haben. Schuld am Verschwinden der Karlsbader Schuhe sind nicht die Ungarn und nein, auch nicht die Russen, Schuld ist die Version Karlovy Vary S.O.C., in der alles Großbürgerliche verpönt war, erst recht lederne Statussymbole. Karlsbad wurde Volksbad, das prächtige alte Kaiserzeit-Badehaus hinter dem Hotel „Pupp" verfiel. Im „Pupp" selbst zogen die Parteibonzen der sozialistischen Bruderländer ein. Der Rest der Stadt begann, sich proletarisch in Einheitsgrau zu hüllen und die Fassaden mit Feinstaub zu schminken.

Budapester trug man auch gerne in der kurzen Zeit, als die Gegend Sudetenland hieß, aber daran erinnert man sich in Böhmen nur sehr, sehr ungern. Der Schuh wäre nicht nur Nostalgie, er wäre auch ein Tritt in den Hintern. So wie die Tschechen Karlsbader Oblaten, die nicht aus Karlsbad kommen, als Ohrfeige empfinden, und als neues EU-Land schon 2005 beantragten, den Begriff als regionale Bezeichnung schützen zu lassen. Dies wiederum rief die sudetendeutschen Landsmannschaften auf den Plan, die die Oblaten für sich reklamierten: Oblaten zu backen sei eine Profession der Sudetendeutschen gewesen, die sie bei der Vertreibung mit in ihre neuen Heimatländer genommen hätten. Ihnen jetzt zu verbieten, wo auf der Welt, in wievielter Generation und mit welchen Wasser auch immer Karlsbader Oblaten herzustellen, käme einer zweiten Enteignung gleich. So sagen beide Seiten: Die Karlsbader Oblate ist unser – und eure nur eine Fälschung!

Eine ebensolche ist übrigens die Karlsbader Schnitte: Sie war in der DDR das, was die Wessis als Toast Hawaii kannten. Da Hawaii zum einen sehr weit weg von der DDR war und zum anderen im Gebiet des kapitalistischen Klassenfeindes lag, suchte die DDR ein näher gelegenes und trotzdem exotisches Sehnsuchtsziel als Namensgeber für den kleinen

Imbiss aus. Karlsbad, das klang nach Ferne und zugleich nach Gutbürgerlichkeit, nach Ausland und doch nach europäischer Benutzeroberfläche, nach Bruderland sowieso. Karlovy Vary S.O.C., das konnte im sozialistischen Zeitalter gut nach Schinken-Käse-Ananas-Toast schmecken, eher noch als nach bürgerlichem Hirschgulasch mit Serviettenknödeln. Diese Stadt roch nach Zweitaktergemisch und Braunkohleheizung, ihr Glamour versank in der eigenen Nostalgie und dem diskreten Charme der Arbeitererholung. Ein Problem, das Karlsbad nun immer noch hat: Der elegante, weltläufige Jet-Setter, der Budapester/Karlsbader Schuhe sowohl kennt als auch trägt, verbringt seine jährliche Wellness-Woche bestimmt nicht im post-sozialistischen Böhmen.

Karlsbad, Version 2011. Außer dem Schuh ist aus jeder Version etwas übrig geblieben. Vor dem Grandhotel „Pupp" fahren wieder die teuersten Kutschen vor und treffen sich wie eh und je die Geheimdienstler und Geschäftemacher, sogar in Gestalt des leibhaftigen James Bond, der in „Casino Royale" dort mit Le Chiffre um Millionen Euro zockt. Im Café „Elefant" stehen die dicksten Torten Böhmens in der Vitrine, vor den Häusern in der Petrin-Gasse parken noch Wartburgs, im Hotel „Promenáda" kommen Stopfleber und gefüllte Wachteln auf den Tisch, daneben blitzt die Werbung eines vietnamesischen Kellerlokals. Im nagelneuen Schlossbad „Zámecke Lazne" hat man einen Quellgeist in den Fels gemeißelt, den Pool mit Mosaikfliesen ausgelegt und umschmeichelt die wellnessenden, gut zahlenden Gäste außer mit Perlbädern und Sprudel-Pool auch mit Tee und zarter Musik. Einige internationale Stars waren schon da, in Pausen des Filmfestivals, einem neuen Fähnchen für Gästegruppen, mit dem Karlsbad emsig wedelt. Im „Hotel Thermal", einem übermächtig großen Arbeiter-Erholungsklotz aus Beton, lebt die in Gestalt eines großen Außenpools die Volksbad-Tradition aus Karlovy Vary S.O.C. weiter, denn der Eintritt ist unschlagbar günstig. Am Rand des Pools hängend kann jeder vom warmen Wasser aus die Aussicht auf die Stadt genießen, den Schwaden Thermalwasserdampf hinterhersehen, wie sie in den Abendhimmel davonziehen.

Karlsbad. Perle des Ostens. Eine Stadt mit vielen Gesichtern, möchte man fast sagen, wenn das nicht so ein Quatsch wäre. Jede Stadt hat genau das Gesicht, das man selbst von ihr sehen möchte. Keine Gesichter, aber Aushängeschilder kann sich eine Stadt verpassen, auch mehrere, wenn sie es verträgt, und genau hier ist das eigentliche Problem Karlsbads. Die alten Aushängeschilder taugen nicht mehr. Die uncoole Schnabeltasse darf man, wieder zu Hause, niemandem zeigen, die Oblaten aus der Schachtel schmecken nicht, der Becherovka, nun ja, auch den muss man mögen, zumal ihm noch der Duft des Ostblocks anhaftet, und buntes Badesalz steht für kleines Geld in jedem Drogeriemarkt der Welt. Der Schuh, der wäre es, aber der ist weg. Karlsbad braucht dringend ein neues Aushängeschild, eines, das zur Stadt passt und zu den Gästen, mit dem man weltweit Furore machen könnte oder zumindest dort, wo die besonders geschätzten Gäste herkommen, in Russland, der Ukraine, in Kasachstan oder Japan. Eine besonderes Pelzmützendesign könnte so ein neues Markenprodukt werden, oder, noch besser, eine neue Mund- und Nasenform. Denn nicht mehr Baden und Trinken allein, sondern Schneiden und Spritzen sind die neuen Kurmittel im alten Kurort, Chirurgie die neue Wellness. Die Karlsbader Nase oder die Karlsbader Oberlippe – das wäre wirklich einmal etwas Neues aus dem Osten.

JERUSALEM-KERZEN

Auf der Suche nach dem Licht in einer eiligen Stadt

Graues Licht fällt in staubbetanzten Bündeln in die Jerusalemer Grabeskirche. Es sollte golden sein, wenigstens an diesem besonderen Ort, sauber und klar, bernsteinfarben, oder wenigstens gleißend hell wie draußen, dadurch im Gebäude erhaben strahlend, aber nein, es ist grau. Grau wie die Wände, die Böden, die Ecken, die Treppen und Kapellen. Grau wie ein Grab, aber grabesruhig ist es nicht, im Gegenteil, denn da an diesem Ort die christlichen Pilgerreisen aus aller Welt ihren Höhepunkt erreichen, ist auch die Aufregung am größten und mit ihr der Rummel. Niemand möchte etwas verpassen, jeder jedes Ritual für sich so intensiv auskosten, wie es nur geht, und auch jedes Foto genau so und genau dort machen, wie es ihm am besten gefällt. Also beginnt die Schubserei schon am Eingang, am Salbungsstein, dem sich die alten Mütterchen aus Osteuropa, mit frisch gestärkten weißen Kopftüchern fein gemacht, in ganz besonders bucklinger Haltung nähern und ihn mit dramatischem Singsang küssen und streicheln. Wer einfach nur so mal anfassen möchte oder auch nur gucken, bekommt Ellbogen, Schultern und sogar Hinterteile zu spüren, ganz aus Versehen, natürlich. Drinnen im grauen Grabesdom braucht jeder den besten Platz für sich und seine Gruppe, den Reiseleiter und den Pfarrer. Der enge Zeitplan erlaubt keine Rücksicht auf die anderen Gruppen, die sich wie Schafherden auf der Landwirtschaftsausstellung zusammendrängen. Schließlich wartet draußen die heiligste aller heiligen Städte noch mit vielen anderen heiligen Attraktionen. Also schnell zum gespaltenen Golgathafelsen im Tiefgeschoss, gegen seine Schutzscheibe geblitzt, dass alle halb blind werden von der Reflektion, wieder rauf in die Seitenkapelle, kleine Ansprache vom Pfarrer, fotografieren, andere Gruppen aus dem Weg schubsen.

Der magere koptische Mönch an der Rückseite des Heiligen Grabes verschanzt sich in einem verschlagartigen Kapellchen, zischt die Besucher böse an und fuchtelt mit den Fingern. Keine Fotos! Aber er steht nahezu auf verlorenem Posten. In seiner Kapelle ist Kerzenlicht, warm und heimelig. So unsensibel oder gehetzt kann kein Besucher sein, dass er diesen Schein nicht wahrnimmt und in die Kapelle blickt, aber so sensibel, den kleinen Mönch nicht zu fotografieren, ist eben nicht jeder. Wer sich von seinem dauernden Gezische und Gefuchtel nicht abschrecken lässt, sieht freundliche Ikonen in seiner Kapelle und ein Körbchen, in dem der Mönch gebündelte Kerzen verkauft. Hält man ihm eine Münze hin, hört er sofort auf zu zischen, schaut den Käufer aus rehbraunen, etwas erstaunten Augen intensiv an, reicht das Kerzenbündel heraus und nickt. Währenddessen entstehen geschätzte fünfzig Fotos. Die geweihten Kerzen sind natürlich keine Souvenirs, sondern zur sofortigen Verwendung in der Kirche gedacht, indem sie alle auf einmal angezündet und in den bereits mit flüssigem Wachs getränkten Trog an der Außenseite des Heiligen Grabes gesteckt werden. Dreiunddreißig millimeterdünne Kerzen für die dreiunddreißig Lebensjahre Christi gehen zugleich in Flämmchen auf. Heller wird es unter den drückenden grauen Kuppeln jedoch nicht. Auch nicht, wenn kichernde, dicke Amerikaner versuchen, irgendwelche anderen Kerzen, die sie mitgebracht haben, so in die Wanne zu stecken, dass sie nicht gleich ausgehen oder im flüssigen Wachs untergehen.

Weil alle schon mal da sind, stellen sie sich auch an, um ins Grab selbst zu kommen. Am Eingang sind die Neuankömmlinge versucht, direkt in die Grabkammer zu rennen, aber da blockiert ein dicker griechisch-orthodoxer Mönch als Türsteher den Weg, wedelt mit seinen Wurstfingern und bedeutet: Hier nur Fotos. Reingehen heißt hinten anstellen. Weil aber nun draußen in Rest-Jerusalem noch so viel Heiligkeit zu sehen und zu erleben ist, hat im Grunde kein Mensch Lust und Zeit auf eine Stunde Schlange stehen. Immer drei Leutchen dürfen für geschätzte zwanzig Sekunden in der kleinen Kapelle vor dem eigentlichen Grab verharren, über hundert Leute stehen an, man könnte sich also auf die Zeit einstellen, aber nein, da sind die zwanzig zarten Mädchen aus Polen, die sich vordrängen, als wäre es 1989 und vorne würden Bananen verkauft. Um jeden Zentimeter in der Schlange kämpfen sie verbissen. Wer nicht weichen will, bekommt Kugelschreiber in die Rippen gepiekst und Pfennigabsätze in die Zehen gebohrt. Die großen amerikanischen Männer tun sich leichter, setzen Körpergeruch und -masse ein, um von viel weiter hinten kommend sogar noch die drängelnden Polinnen zu überholen. Und weil das in der Schlange so ist, dass man ständig von irgendjemandem überholt wird, drängeln auch alle anderen, fahren Ellbogen und Rucksäcke aus, stellen sich breitbeinig hin, furzen absichtlich, die Unterkiefer mahlen, die Adern an den Schläfen schwellen. Es liegt wohl wirklich an der Natur des Ortes, dass es nicht minütlich zu Schlägereien kommt, denn beim Einlass zum Schlussverkauf oder zu einem Rockkonzert würde bei gleicher Besetzung Blut fließen. Die Security hätte jedenfalls ordentlich zu tun. Da aber nun jeder über eine Stunde lang damit beschäftigt ist, die Aggressionen, Fremdenfeindlichkeit und Klaustrophobie in Schach zu halten, kann sich niemand auf den besonderen Moment vorbereiten, in dem einen die Schlange vorne am Gitter ausspuckt in den Vorraum der Grabeskapelle, sondern ist in den 20 Sekunden, in denen man dort sein kann, mit Einatmen beschäftigt, der Suche nach schon verloren geglaubten Gliedmaßen, Haarklammern und Gepäckstücken. Dann kniet man auch schon drinnen im Grab, höchstwahrscheinlich neben den Dränglern, denen man eben noch am liebsten den Schädel spalten wollte, und faltet die Hände, weil einem sonst nichts Besseres einfällt. Hier drinnen hat das Licht die Farbe von Tannenhonig, und sicher ist die Atmosphäre auch ganz besonders intensiv, aber spürbar wäre sie nur mit deutlich niedrigerem Adrenalinspiegel. Dann ist der Zauber auch schon wieder vorbei, die Polin wirft einem am Ausgang einen letzten giftigen Blick zu. Wenn man dann doch noch nicht aufgeben will, der Grabeskirche wirklich eine Chance geben möchte und eine kleine Bibel aus der Tasche zu holt, um darin zu lesen, blitzt es schon wieder aus fünfzig Pocket-Kameras, die die einzige Bibelleserin in der Grabeskirche knipsen und das Foto mit zurück nach Nashville und Atlanta in den Bible-Belt tragen.

„Er ist nicht hier – er ist auferstanden", das sei ein prima Witz über die Grabeskirche, steht im „Lonely Planet", der für die Orientierung in Jerusalem weit besser geeigneten Bibel. Gott wohnt hier nicht mehr, könnte man auch sagen. Den Devotionalienhändlern ist es egal. Die meisten von ihnen sprechen Arabisch und schauen drein, als würden sie genauso gerne Seifen, Kirschen oder Schusternägel verkaufen wie grob geschnitzte und mit Papierbildern beklebte Taschen-Ikonen, Blech-Kreuze, Plastik-Rosenkränze und Messing-Räuchergefäße. Direkt an die Grabeskirche angrenzend sind ihre Läden am glitzerndsten und vollgestopftesten, die Waren natürlich nicht nur ganz billig, aber kaum echtes Kunsthandwerk ist darunter. Freilich machen die großen Räuchergefäße etwas her, aber es kein Gold, was da glänzt, und der Metallkorb mit den Coladosen ist größer als der Ständer mit den gedruckten Reiseführern. Zwischen massengefertigten Ikonen, die es in Russland zu einem Fünftel des Jerusalem-Preises gibt, stehen siebenarmige Leuchter aus der Fabrik und grob zusammengezimmerte Kreuze, neben den „echten" Olivenholz-Rosenkränzen hängen Torah-Lesefinger und die entzückenden Armbändchen mit den Heiligenbildern, von denen aber fast jeder weiß, dass sie Escapulario heißen und aus Südamerika kommen. Nun ja, offensichtlich nicht jeder, sonst würde sie auch niemand kaufen und sie würden nicht in der Auslage hängen. Beliebt müssen auch T-Shirts mit Comic-Kamelen sein, sonst stünden auch sie nicht ganz vorne bei den Kreuzen, Krippen und Erinnerungstellern mit Stadtansicht. Ja, man kann um die kleinen Plastik-Jerusalemkreuze feilschen wie um jede Ware jedes arabischen Standbetreibers. „Wie viel sind die Ihnen denn wert", will der junge Kerl mit der öligen Lockenfrisur wissen, hört beim Feilschen gar nicht richtig zu, sondern geht beim Verpacken des Souvenir-Sammelsuriums (allerlei Kreuzchen und Alu-Medaillons für die Lieben daheim) schon zu Punkt zwei eines typisch orientalischen Verkaufsgesprächs über. Jenes Typs, der sich in allen Souqs des Orients entspinnt, wenn die Frau allein und westlich und der Verkäufer offensichtlich gelangweilt ist. „Wo kommen Sie her? Machen Sie hier Urlaub? Lassen Sie mich raten, Sie sind Spanierin! Das sieht man an Ihren schönen Augen. Was machen Sie heute Abend? Ich bin Mustafa, hier ist meine Telefonnummer, rufen Sie mich an, ich zeige Ihnen die Stadt." Was die Kundin antwortet, ist völlig egal, am Ende gibt es das Kärtchen gratis zum Souvenirtütchen dazu.

Heilige Stadt hin oder her, Geschäft ist Geschäft, und schon ein paar Schritte von der Grabeskirche weg Richtung Via Dolorosa und islamisches Viertel verliert sich die vorgespielte Heiligkeit tatsächlich im Gewirr eines orientalischen Marktes. Nur die Nachfrage bestimmt das Angebot. Bestickte Käppchen hängen in Dolden an den gemauerten Bögen, die sich über die Gasse wölben, großgemusterte Röcke und graue Herren-Unterwäsche, Palästinensertücher, Postkarten und Kühlschrankmagneten wollen zu billigen Preisen mit nach Iowa, Krakau, Liverpool oder Seoul. Hat man die Fußgänger-Autobahn zwischen Grabeskirche und Klagemauer hinter sich gelassen, wird es ruhig in den Gassen, die Händler sitzen auf Hockern dösend vor ihren Läden. Zwischen Shirts und Jalabias sind jetzt auch wieder Devotionalien im Angebot. Eine schöne Kerze vielleicht? Das wäre was. „Hier bitte, dreiunddreißig Kerzen in einem Bündel für die dreiunddreißig Leben Jesu", sagt einer nach dem anderen. „Wo kommen Sie her?" Die Jungs kennen die bayerischen Wallfahrtsorte nicht, an denen es schwarze Gewitterkerzen gibt, geschnitzte Kerzen, Kerzen mit aufgeklebten Madonnen, Kerzen mit barocken Schnörkeln in weiß, rot oder dunkelbraun. Oder die polnischen Devotionalienläden, die Riesenkerzen mit güldenen Madonnenreliefs anbieten, deren Kronen mit Flitter verziert sind. Gibt es nirgends in Jerusalem schöne Kerzen? Jerusalemkerzen? Diese leuchtenden Millefiore-Kugeln, die in den 90er Jahren die Weihnachtsmärkte als wächserne Mini-Lampions zu erhellen begannen? Ach, diese Dinger mit quietschbunten Krippenmotiven oder auch mal mit Pinguinen im Schnee ... Ob sie schön sind ist Geschmackssache, aber Jerusalemkerzen aus Jerusalem wären für die deutschen Touristen – und auch für die aus Iowa und Seoul – genauso schöne Mitbringsel wie für die Orthodoxen die 33er-Bündel. Möchte man meinen. Überhaupt all diese schönen, kitschigen Weihnachtsmarktkerzen, von denen ganze Industrien leben – wo sind sie? Hässliche Metallleuchter mit Altstadtpanorama sind im Angebot oder Kerzenhalter, auf deren Form genau so gut „Amalfi" oder „Alicante" aufgedruckt sein könnte. Nein, keinen Kerzenhalter! Bitte! Danke! Hat denn niemand eine schöne Kerze? „Hier, die hätten wir noch!" Ein junger Bursche holt eine kleine weiße Stumpenkerze aus einer Duftlampe. „Und dann haben wir noch die!" Er bietet allen Ernstes ein Teelicht an. „Andere Kerzen werden Sie hier nicht finden, Madame. Machen Sie hier Urlaub?"

Nicht einmal direkt an der Klagemauer ist Ruhe, aber hier erfüllen die Händler wenigstens die Erwartungen: Am roten Kabbala-Glücksbändchen gibt es gegen eine Spende eine schützende Hand oder eine blaue Perle. Das passt. Und oben am Felsendom wird nicht Ware, sondern Mohammed angepriesen, von einem jungen Mann im schwarzen Anzug, der anbietet, etwas über den Propheten zu erzählen. „Haben Sie kurz Zeit? Ich bin kein Verkäufer!" Aber Mohammed ist nicht auf dem Plateau des Tempelberges. Er ist von dort in den Himmel geritten. He's not here. He's risen.

Insofern ist Jerusalem ein gottverlassener Platz, schön zwar und aufregend, intensiv und durch seine schiere Monumentalität sicher für jeden Besucher lebensverändernd, aber Besinnung im Trubel – nicht im Angebot. Wer in den Gassen und Sehenswürdigkeiten Jerusalems seine Ruhe haben möchte, muss sich unsichtbar machen. Das Geschäft mit dem Glauben bestimmt den Alltag der Altstadt. Shoppen und rennen bis zur Besinnungslosigkeit, viel erleben und staunen, das geht, tagelang. Trotzdem, auch wer jede Gasse einmal abgegangen ist, kann nicht behaupten, Jerusalem zu kennen. Jede Gasse hat zu jeder Tageszeit einen anderen Charakter. Aber dennoch ist die Stadt so wie ein Festivalgelände am Morgen nach einem Festival: Die Bühne ist noch da, die Zelte, die Stände, der Müll und allerlei vergessenes Gepäck, aber das große Ereignis ist vorbei, das Treffen der Stars mit den Fans nur noch Erinnerung. Die Stars sind wieder im Hotel und die Fans, die dabei waren, sind verkatert weiter gezogen um sich gegenseitig und allen anderen zu erzählen, welch einzigartige Momente sie erlebt haben. Wer zu spät kommt, sieht nur noch die leere Bühne und das Merchandising. Und versucht trotzdem, das Beste für sich herauszuholen. Etwa, indem man einen Wunsch in die Ritzen der Klagemauer steckt, ihre Steine streichelt und hofft, dass die Zigeunerin, der man eben nichts abgekauft hat, einen nicht verflucht. Besinnung muss man schon selbst mitbringen nach Jerusalem – finden wird man sie dort nicht. Genauso wenig wie Jerusalemkerzen. Die könnte man im Übrigen auch prima im Wachstrog am heiligen Grab schwimmen lassen.

LEIPZIGER ALLERLEI

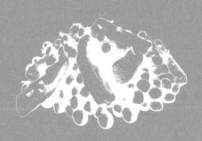

Der Geschichte Werk und Mephistos Beitrag

Die DDR war für mich, so lange sie existierte, Ausland. Sogar noch mehr Ausland als Österreich oder Italien, denn dort fuhr man hin, im Gegensatz zur DDR, deren Grenze ich nördlich von Coburg das erste und einzige Mal sah. Da würden wir nie hinfahren, sagten meine Eltern, da durfte man nicht hin. Da gab es nichts, was man haben wollte, auf gar keinen Fall. Die DDR war schlimmer als Jugoslawien und Ungarn zusammen, das war klar. Und Jugoslawien in den 80ern war schon schlimm genug, denn da konnte es passieren, dass im ganzen Adria-Urlaubsort Lanterna sämtliche Sorten Fruchtsäfte tagelang ausverkauft waren.

Wegen der andauernden Not schickten wir, seit ich denken kann, den Freunden und Verwandten meiner Mutter Pakete in die DDR. Dallmayr Kaffe war da drin, Paradiescreme-Pulver, Dr. Oetker Pudding, Milka-Schokolade und allerlei anderes. Wir schickten auch T-Shirts, Kettengürtel und Strickpullover aus Glitzergarn, die es allesamt günstig im Schlussverkauf oder auf dem Markt gab, in die DDR. Weil es dort einfach gar nichts gab, sagte meine Mutter. Dafür hatte ich – wie exotisch – in der Grundschule eine Brieffreundin aus Schwerin, was sonst niemand hatte. Und zu sagen „Meine Mutter kommt aus der DDR" war viel exotischer als zu sagen, „meine Mutter kommt aus Italien".

Was ich nicht verriet war, was aus der DDR als Dankeschön in Weihnachts- und Geburtstagspaketen zu uns zurück kam. Schallplatten mit Covern aus grauem Pappdeckel, grob und in Erdtönen bedruckt. Für mich mit Märchengeschichten, für meine Eltern mit klassischer Musik. Echte Kunstwerke und Lithografien von echten Künstlern, in grauem Papier eingewickelt. Bücher mit russischen Märchen. Oder Sagen aus Mecklenburg. Ein bisschen peinlich, damals. Aber ich habe die Kunstwerke und einige Bücher „von drüben" bis heute. Meine Ausgabe der „Schatzinsel". Oder Sigmund Jähns Band über seinen Weltraumflug als Kosmonaut der DDR, aus dem Militärverlag der Deutschen Demokratischen Republik, mit einem Klappentext von Erich Honecker. Ein echter Schatz.

Dass die Gemüsemischung „Leipziger Allerlei" nach einer Stadt in eben dieser DDR benannt war, war mir als Kind erst gar nicht klar, ebenso wenig, wie ich bei der Bohnensuppe an Serbien dachte. Das Fertiggemüse schmeckte nicht besonders gut oder hochwertig, sondern nach Verpackung und zweiter Wahl, über die man sich aber aus Rücksicht nicht beklagen wollte. Spargel, Erbsen, Karotten, tiefgefroren oder aus der Dose. Sie begegneten mir als Beilage zu in der Pfanne kurzgebratenem Kotelett oder einem vergleichbaren Fleischbatzen. Als Kind war ich keine Freundin von Spargel oder Erbsen, aber ein großer Fan des Gemüseeintopfs meiner Mecklenburger Großmutter, der vor allem aus frischen Möhren, Kartoffeln und Petersilie bestand.

Die Geschichten aus dem fernen, sozialistischen Ausland, die meine Mutter erzählte, waren dagegen wirklich exotisch, und sie faszinierten mich so, wie die Erzählungen meines Kumpels Bakur Abdulaziz über seine Kindheit in Saudi-Arabien, aktuell eines der ganz, ganz, ganz wenigen Länder auf der Welt, in denen kein Krieg herrscht, in die man als Tourist aber trotzdem nicht einfach einreisen darf. In der internationalen

Wahrnehmung heute also ein bisschen so wie die DDR in den 80er Jahren, nur vergoldet und mit Diamanten besetzt. Meine Mutter erzählte davon, wie sie und ihre Cousins Wolfgang, Jochen, Gitti und Renate Stachelbeeren von den Stauden des Nachbarn klauten, im Baum saßen und Kirschkerne spuckten, in den Stockbetten im Kinderzimmer der Großfamilie die Nächte durchmachten, oder wie sie im Pfaffenteich schwammen. Ich habe da nicht recht verstanden, was so schlimm daran gewesen war, in der DDR zu leben. Auch die Lieder, die meine Mutter und meine Großmutter mir beibrachten und mir gleichzeitig sagten, ich solle sie draußen nicht wirklich singen, waren nicht schlecht. „Die Internationale erkämpft das Menschenrecht." Konnte ich schon im Kindergarten. Auch den Gruß: „Pioniere – seid bereit! – Allzeit bereit!", dazu die Hand an die Stirn. Das konnte sonst niemand. Auch nicht Plattdeutsch singen: „Wenn hie 'n Pott mir Bohnen stet und do 'n Pott mit Brie, na lass ick Pott un' Bohnen steen und tanz mit mie Marie. Wenn mie Marie nit tanzen ka, na hett se scheefe Been, na treck ick ihr 'n lang Kleedrock an, na is dat nit zu seen." Damit konnte man in der Grundschule mehr Eindruck schinden als mit griechischen Volksliedern.

Wie ich als Jugendliche darauf kam, dass alle Ossis hässlich, doof, rückständig, lebensuntüchtig, erbärmlich und Mitleid erregend sind, weiß ich selbst nicht mehr. Vielleicht lag es an dem überschwänglichen Dankesbrief, den wir bekamen, nachdem wir bei „Candy and Company" eine sehr, sehr billige Digitaluhr – mit der man sich nicht mal in Bayern hätte blicken lassen können – in eine Konservendose voller Marshmallows hatten einschweißen lassen und diese in die DDR schickten. Vielleicht lag es daran, dass mir aufging, dass wir sehr hochwertige Geschenke bekamen (echte Lithographien von echten Künstlern), während wir die Lebensmittel „für die DDR", die wir in Pakete packten, in dem ungepflegten Discounter kauften, in den meine Mutter sonst eher ungern ging. Oder es lag an Conny und Romy, die im September 1989 an meinem Gymnasium auftauchten, einen grauenhaften Dialekt sprachen und aus „Koooal-Moooax-Stooodt" kamen. Die Klamotten, die Conny und Romy trugen, schienen von einem anderen Stern zu sein, während wir unsere extra-großen, mit Smiley-Buttons und kunstvollen Rissen verzierten Diesel-Jeans ausführten und Bügelverschlüsse von Bierflaschen auf die Schuhe montierten.

Dann kam der 9. November. Und die Trabbis und Wartburgs auf den Autobahnen. Der Zonen-Gabi-Witz. Die Menschen mit den fiesen Blouson-Jacken, die staunend durch die Münchner Fußgängerzone schlichen. Und ein Brief mit Fotos von Jochen, dem Cousin meiner Mutter, dem Meisterkirschkernspucker aus den Geschichten meiner Kindheit, die um so viel spannender gewesen waren als die russischen Märchen. Ein Jahr später standen die wildfremden Verwandten aus Leipzig sogar leibhaftig vor unserer Tür. Meine neue Cousine Katja in großgemusterten Leggins.

Mit jahrzehntelanger Vorgeschichte und einem riesen Rucksack voller, daraus resultierender Ressentiments gegen den Osten fuhr ich im Sommer 1999 das erste Mal nach Leipzig und besuchte unter anderem Katja, die in einer Studentenwohnung mit Marmorbad und Blick auf den Park lebte, aber weniger Miete bezahlte als ich für meine Ein-Zimmer-Bude. Ich amüsierte mich ganz prächtig über den Leipziger Dialekt, denn manche Leute klangen für mich wie Comedians, die Sachsen nachmachten. An manchen Stellen war Leipzig aber noch nicht Luxus, sondern genau so, wie ich es erwartet hatte: Von Abgasen gebräunte Klinkerbauten, schiefe Betonbaracken, mit Holzbrettern vernagelte Fenster. Katja ging mit mir in den Supermarkt, um Ostprodukte zu kaufen. Ein bisschen peinlich war es mir schon, dass die im Osten schon längst laufende Ostalgiewelle bei mir in München noch nicht angekommen war. Filinchen? Zetti Knusperflocken? Nudossi? Vom Bautz'ner Senf und den Spreewaldgurken hatte ich schon gehört, sie aber noch nie leibhaftig zu Gesicht bekommen. Ein Jahr später war ich schon wieder in Leipzig, weil ein japanischer Elektronikkonzern einen neuen Handheld-Computer dort in einem Automuseum vorstellte. Warum, habe ich bis heute nicht verstanden. Aber der Wein war gut und ich hatte am nächsten Tag reichlich Zeit mit Katja durch die Innenstadt zu streifen. Dank den Bauherren Schneider und Co. sowie dem Geld zu reicher und leider auch zu dummer Westdeutscher war fast alles propper herausgeputzt. Und diesmal wurde ich ausgelacht, als ich im Buchladen aus Versehen „Grüß Gott" sagte. Sogar von meiner Cousine.

Das nächste Mal dauerte es Jahre, bis ich wieder in den Osten fuhr, die Welt hatte sich nochmal ein paar Umdrehungen weiter gedreht. Jetzt war Leipzig nicht mehr zum Lachen oder Bemitleiden, sondern es fand dort offiziell und turnusmäßig „Wetten, dass ..." statt, und zwar keineswegs als sommerliche Exoten-Ausgabe aus irgendeinem Urlaubsland. Das war ernst gemeint, die Stars reisten nach Leipzig, ich auch, um in einem Hotel im Zentrum den Sänger Seal zu treffen. Dem war es egal, ob das feine Hotel mit dem knöcheltiefen roten Teppich und den edlen weißen Sofas, auf denen wir artig saßen und uns unterhielten, in Hamburg, Leipzig, Köln, Rom, Bukarest oder sonstwo stand. Es gab Tee aus feinen Porzellantassen und Seal verriet mir, dass er es sexy findet, wenn Heidi Klum für ihn kocht. Von innen betrachtet hätte das Gespräch irgendwo auf der Welt stattfinden können, von außen gesehen war es sehr leipzigerisch: Frisch renoviertes Palasthotel und keine hysterischen Menschen davor, die Promis gucken wollen. Offensichtlich Überflüssiges war in den Nach-Wendejahren reichlich nach Leipzig getragen worden, so dass man schnell gelernt hatte, es vom Notwendigen oder Sinnvollen zu unterscheiden. In der Winterkälte vor einem Hotel auf sogenannte Stars zu warten gehörte nicht dazu, auch nicht der Kauf der Lagerfeld-Kollektion beim Bekleidungs-Discounter „H&M". Während sich in den deutschen Städten des Westens an diesem Wochenende die Mädchen schier um die T-Shirts und Höschen des Designers prügelten, blieben sie in Leipzig an der Stange hängen. Sehr schicke Frauen zupften an den Stöffchen und raunten ihren Freundinnen zu, wie windig die doch verarbeitet waren. Junge, sehr modische Mädchen befanden die ausgefalleneren Stücke für untragbar, und ja, billig. Die heiße Trend-Ware war außerdem im Kellergeschoß ausgestellt, nicht im Erdgeschoss wie in den Filialen, in denen der Hype ausbrach. So gab es am Samstag Nachmittag noch alles in allen Größen, zu einem Zeitpunkt, wo die Lager in anderen Städten schon leer waren und die T-Shirts bei Ebay ihren Preis schon vervielfacht hatten. Ich kaufte dann in einem anderen Geschäft einen schönen Wollmantel, und die sehr hübsche, sehr gepflegte Verkäuferin gratulierte mir zu meiner guten Wahl. Mit immer noch reichlich Zeit im Gepäck streifte ich weiter durch die Innenstadt, kaufte Geschenke und schöne Bücher in dem ausgesprochen wohlsortierten Buchladen.

Unversehens stand ich dann vor Auerbachs Keller, in einem der schnieken Schneider-Bauten gelegen. Jetzt wollte ich's wirklich wissen. War Leipzig top oder flop? Provinz oder Prachtstadt? Auerbachs Keller, in seiner Version als große, säulengestützte Bierhalle, war brummvoll, auf großen Tabletts schleppten die Kellner Spezialitäten herum. Da saßen auch weder saufende Studenten noch ein Dichter mit teuflischer Begleitung, sondern ältere Leipziger in ordentlicher Winterkleidung, pro Kopf mindestens drei Tüten mit Einkäufen auf Stühlen und unter Tischen geparkt.

Ich wollte es wirklich, wirklich wissen. Ich bestellte einen Teller Leipziger Allerlei und ein Glas Weißwein. Der Kellner zuckte mit keiner Wimper. Irgendwie hatte ich geahnt, dass das Allerlei genauso wenig mit dem mir bekannten Dosengemüse zu tun haben würde wie Leipzig mit meinen jahrzehntelang gepflegten Vorurteilen gegen Ostdeutschland. Was dann kam, überraschte mich aber noch mehr als das Erscheinungsbild Leipzigs und die erdige Lebenseinstellung seiner Bewohner. Serviert wurde ein duftender Teller mit feinsten, knackigen Gemüsen in weißer Sauce. Ja, auch mit Erbsen und Möhrchen und Spargel, aber auch mit Blumenkohl, Pilzen, zarten Rosenkohlröschen, Kartöffelchen und einem kleinen Flusskrebsschwanz. Wenn sich nicht sogar noch etwas Kalbfleisch in der Sauce versteckt hatte, ich weiß es nicht mehr, ich war zu begeistert. Übermütig versuchte ich, mit dem Zeigefinger von unten ein Loch in die Tischplatte zu bohren, aber es floss dann doch kein Wein heraus, kopfschüttelnd nahm der Kellner das leere Glas mit und servierte ein volles. Wenn jemand in Auerbachs Keller den Witz mit dem Wein reißt, finden das die Leipziger ungefähr so spannend, wie irgendeinen Soul-Sänger, der im Palasthotel wohnt, oder einen Star-Designer, der ihnen billigen Ramsch andrehen will.

Mehrere Versuche, zu Hause dieses Leipziger Allerlei nachzukochen, sind seither gescheitert. Es gibt einfach weiterhin den Mecklenburger Gemüseeintopf meiner Großmutter. Zumeist hapert es schon an den Zutaten, denn entweder es gibt auf dem Münchner Viktualienmarkt frischen Spargel oder es gibt frische Morcheln, aber nicht beides gleichzeitig, zumindest nicht dann, wenn ich Allerlei kochen möchte. Ganz zu schweigen von dem Problem, wo man dann noch einen frischen Flusskrebs herkriegen soll, und was der dann, wenn es ihn gibt, kostet. Und dann das Kochen, ach weh, als ob Mephisto einem auf der Schulter säße. Ein riesiger Aufwand ist das Gemüseputzen. Wenn dann irgendetwas auch nur eine Minute zu lang in seinem Saft köchelt, ist der ganze Zauber dahin, der Kohl zerfallen, die Sauce geronnen, das Krebsfleisch steinhart.

LEIPZIGER ALLERLEI

Allerlei zu machen ist eine Kunst, die wohl nur innerhalb der Leipziger Stadtgrenzen erlernbar ist. Oder hat es jemand schon mal außerhalb der Stadt auf irgend einer Speisekarte gesehen? Leipziger Allerlei aus der Dose oder dem Gefrierpäckchen aber gibt es bis heute, gelegentlich sogar als Beilage in ganz, ganz schlimmen westdeutschen Provinzwirtshäusern. Wer sowas ernsthaft kauft und serviert, der war noch nie in Leipzig und hat daher weder von Gemüseeintopf noch von der Welt Ahnung. Einerlei was er für Leipziger Allerlei hält, denn in Leipzig existiert es nicht, weil sich die Leipziger keinen Tinneff andrehen lassen. Für die Leipziger darf es immer nur das Beste sein. Ich schäme mich heute, dass wir damals nur die fiese Schokolade und den billigen Kaffee in die DDR geschickt haben. Umso mehr, weil es uns bis heute niemand von der Verwandtschaft je zum Vorwurf gemacht hat.

BERNER WÜRSTCHEN

BERNER WÜRSTCHEN

So schnell läßt sich ein Berner keine Wurst aufbinden

Am Schwellenmätteli rauscht das blaugrüne Wasser der Aare über eine flache Kaskade. Mitten auf der Schwelle steht die Skulptur eines Bären, der aussieht, als würde er darauf warten, dass Lachse die Schwelle hinauf und ihm direkt ins Maul springen. An einem sonnigen Spätnachmittag leuchten die Häuser der Berner Altstadt, erbaut aus grünem Sandstein, mit dem Grün des Flusses und dem Gras in den Gärtchen um die Wette. Gärtchen, die wie asiatische Reisterrassen in den steilen Abhang zwischen der Stadt und dem Wasser gesetzt sind. Als wäre der Anblick der Berner Altstadt von hier unten aus noch nicht entzückend genug, haben die Berner ein Terrassenlokal mitten auf die Schwelle gebaut, auf Stelzen, unter denen der Fluss durchrauscht. Es trägt den gleichen Namen wie der Ort, „Schwellenmätteli", und ist nicht irgendein Lokal, sondern eine Designerhütte aus Glas und Holz, mit feinen Speisen aus aller Welt, oder einfach einem Amuse-Bouche-Trio, einem Traum aus Schinken-, Artischocken- und Thunfischcreme. Man kann auch nur einen Gin Tonic schlürfen, auf Teakholzmöbeln auf der Terrasse oder auch auf Sofas, die auf der Kiesfläche am Südufer stehen.

In München fließt die Isar ebenfalls mitten durch die Stadt, oft ist sie grün, aber es gibt kein Lokal, dass annähernd so spektakulär ist wie das „Schwellenmätteli". Der Münchner Publikumsmagnet am Wasser ist vielmehr eine Kiesbank namens Flaucher, südlich des Zentrums, und man muss alles, was man dort verzehren will, selbst hinschleppen. Mangels Alternativen tun dies, gerade im Sommer, sehr viele Münchner. Ignoriert man die blauen Schwaden, die aus Kohlegrill-Hundertschaften aufsteigen, und später die sturzbetrunkenen Jugendlichen, sind die Abende am Flaucher zwar unkomfortabel, aber charmant.

Anfang des neuen Jahrtausends tauchte ein neuer Gast bei den Flaucher-Parties auf: das Berner Würstchen. Es lag nicht auf den Grills der Langweiler mit den Klettsandalen, die beim Bio-Metzger einkaufen. Auch nicht auf denen der türkischen, arabischen oder griechischen Clans, sondern auf jenen der young and trendy Professionals, die in schicken Wohnungen wohnen, aber trotzdem nicht aufs Grillen verzichten möchten. Die für den Einkauf beim Metzger keine Zeit haben, sondern alles für den Abend an der Isar, inklusive Grill und Kohle, spontan am Samstag Nachmittag in einem Supermarkt shoppen, den man bequem mit dem Auto anfahren kann. Berner Würstchen sind in ihrem Kern Wienerwürstchen mit halber Länge des Originals, jedoch gefüllt mit Käse und umwickelt mit Speck, der beim Grillen knusprig wird. Sie schmecken gut und sie waren angesagt, im Jahr 2002, etwas Neues aus der Convenience-Grill-Abteilung, das noch nicht jeder hatte. Rostbratwürste waren gestern, Bruzzler sind für Camper.

Die Berner haben das „Schwellenmätteli"-Restaurant und müssen sich nur ordentlich stylen, wenn sie am Fluss ausgehen wollen. Wahlweise steht ihnen auch das „Alte Tramdepot" zur Verfügung, etwas weiter oberhalb des Wassers, aber ebenfalls mit sensationellem Blick auf die Altstadt. Oder auch der „Rosengarten", hoch über der Altstadt, wo sich die Mütter mit Kinderwagen ebenso treffen wie Studenten beim ersten Date, japanische Touristen und ältere Paare im dritten Frühling.

BERNER WÜRSTCHEN

Dort und auch sonst auf den Speisekarten der Berner Altstadt sucht man das Berner Würstchen vergebens. Man vermisst es auch nicht, denn statt dessen gibt es Salate mit feinen Fischen, italienische Scaloppine mit Zitronensauce, asiatisches Knackgemüse aus dem Wok, oder im schnuckeligen Restaurant „Ringgenberg" am Kornhausplatz Brennessel-Gnocchi in einer Sauce aus Ricotta, Weißwein und frischen Kräutern.

Bern hat ein Wunder vollbracht. Nicht, dass es seine barocke Altstadt vor Zerstörung bewahrt und es damit zum UNESCO-Weltkulturerbe gebracht hat. Das Wunder ist, dass diese Altstadt weder Museum ist wie Venedig, noch langweiliger Touristenschlauch wie Salzburg oder Rothenburg, noch Fressmeile wie Barcelona, sondern ein edles, lebendiges, überraschendes Zentrum. Außer der Grundversorgung mit Fast-Food-Buden und internationalen Filialisten gibt es eben noch die kleine Feinkostmetzgerei. Die „TragArt" Galerie einer älteren Dame, die Mode als Kunst versteht. Die rummelige Bude, die, warum auch immer, Souvenirs aus Dubai anbietet. Vor der Zytglogge, einem mittelalterlichen Uhrturm mit Spezialeffekten wie einem krähendem Metallhahn und musizierenden Bärchenfiguren, die sich immer zur vollen Stunde in Bewegung setzen, stehen mehr oder weniger große Besuchertrauben und staunen. Es fällt ihnen gar nicht auf, dass direkt neben ihnen ein Stadtbus vorbeisurrt, weil der nämlich dezent mit Strom betrieben wird.

Kaum biegt man aus den Geschäftsstraßen um die Ecke, ist man auf dem Dorf. Da hat ein Malermeister sein Wohnhaus mit einem Sinnspruch geschmückt, der auch ein Stickbild zieren könnte: „Aus Tauf-, Hochzeits- und Grabgeläut mischt sich der Klang des Lebens. Woher Wohin Wozu? Du fragst vergebens!" Kinder spielen mit einem jungen Berner Sennenhund. Jugendliche bespritzen sich kreischend mit Wasser aus einem Brunnen. Vor der Nydegg-Kirche, in einem

Quartier, in dem sich mittelalterliche Fachwerkhäuser ducken, sitzen Alte unter einem Baum und blinzeln in die Sonne. Bern ist ein Schatzkästchen, in dem sich Diamanten und Gold mit Modeschmuck mischen. Dazwischen wirkt sogar das ein oder andere Stückchen Schrott wie eine kleine Perle. Dazu gehören Lokale, die ihre laminierte und mit Bildern verzierten Speisekarten gleich auch auf Japanisch ausgehängt haben. Da gibt es auch mitten im Sommer Fondue zu essen und Berner Rösti und Militärschnitte, ein frittiertes Grauen aus Käse, Ei und Schwarzbrot. Oder Älplermaccaroni, Nudeln mit viel Käse, Speck und Apfelmus. Und es ist die Berner Platte im Angebot, wahlweise Berner Teller: Ein Berg Sauerkraut, darauf Wellfleisch, Zungenwurst, Rippchen, Wienerli. Dies bestellen eher die lebenserfahrenen Gäste aus Ostdeutschland.

Aber sogar diese werden, beseelt von Fleischbergen, Kraut oder Rösti mit Speck, die Bilder von der Zytglogge in Kopf und Kamera, begeistert nach Hause fahren und berichten, was für eine Wundertruhe Bern doch ist. Sie werden es nicht bis in Viertel wie Wankdorf oder Ostermundigen schaffen, wo Bern zeigt, dass das wahre Leben eben doch kein Schatzkästchen ist, sondern eher eine Schuhschachtel. Aus den Vierteln der Blocks, Silos und Häuslebauerhäuschen juckelt man als Durchschnittsberner morgens mit der Trambahn in andere Vororte und kauft abends im Supermarkt ein. Etwa bei „Migros" in Wankdorf, im Erdgeschoss eines Hochhauses gelegen, das auch in einer der berüchtigten Pariser Banlieues stehen könnte. Fleckiger Betonboden, fahles, gelbliches Licht, kleines Sortiment. Hier ist wenig Bündner Fleisch im Wurstregal, dafür viel Schinken, und Berner Platte, fertig zusammengestellt, im Plastikbeutel. Man kauft Abgepacktes, auch bei den Würsten, und siehe da: Dort liegt in der kleinen Grillgutauswahl, direkt neben der Berner Zungenwurst, Schützenwurst, gefüllt von der Firma „Grill mi". Das ist in etwa das, was man in Süddeutschland als Dicke kennt, gespalten und mit groben Käsestückchen gestopft, mit

Speck umwickelt. Sieht ein wenig aus wie ein Berner Würstchen, nur größer. Und das Kalbs-Cipollata, das papierblasse, sogar in der Plastikverpackung wabbelige Mini-Würstchen, ebenfalls mit Speck umwickelt. Im höherpreisigen Segment bieten sich unter dem Sonnenstrahlen-Logo „Aus der Region" an: Original Emmentalerli, grobe gekochte Würstchen aus Rindfleisch, Schweinefleisch, Speck, Schwarten, E450, E452 und anderen hochwertigen Zutaten. Aber das Foto vom Emmental sieht verlockend aus. Und: Bernerli, „zum kalt oder warm essen". Geräucherte und gekochte Würstchen aus Schweinefleisch, Speck, Mononatriumglutamat, E 301 und anderen Spezialitäten. „Hergestellt in der Schweiz aus Schweizer Fleisch" und „Ächts aus em Bärnbiet" steht auf der Packung, ein kleiner Berner Bär ist oben drauf und eine Kulisse aus Schneebergen.

Von „Migros" in Wankdorf einmal um die Ecke gebogen Richtung Messegelände sieht die Welt schon anders aus. Im Komplex des „Stadion de Suisse", einem der Austragungsorte der Fußball-Europameisterschaft, ist ein Einkaufszentrum untergebracht, darin die wahrscheinlich beste und größte Filiale der allgegenwärtigen Schweizer Supermarktkette „Coop" im Berner Land. Hierhin fahren die saturierten jungen Familien im Skoda Oktavia zum Wochenendeinkauf. Das Schokoladenregal ist mindestens so lang wie das Wurstregal. Das Bündner Fleisch hat ein eigenes Regal, da es in vielen Sorten und Packungsgrößen daherkommt. Allerlei Grillgut liegt bereit, auch Monster-Wurtschnecken, dicke weiße Kalbsbratwürste, von der Firma „Bell Barbecue": Cervelas gefüllt (Dicke mit Käsebrocken, umwickelt mit Speck), Bernerli mit Käse, bei denen man aber den Käse nicht sehen kann, die aber aussehen wie Wienerle mit Speck umhüllt. „Bell" ist eine Wurstwarenfabrik, die die ganze Schweiz beliefert, und ihre Bernerli sehen gar nicht so aus wie die Bernerli von der Konkurrenz oder die Berner Würstchen vom Münchner Flaucher. Keine von allen ist in gegrilltem Zustand in der Berner Altstadt anzutreffen.

BERNER WÜRSTCHEN

Die dicken weißen Bratwürste bietet auch ein netter älterer Herr auf dem Wochenmarkt am Bärenplatz an, schon fertig gebraten. Wer die nicht leiden mag, kann auch zypriotischen Haloumi-Käse vom Grill haben, israelische Falafel, Knobibrot oder einen Hotdog. Nebenan am Käsestand schreibt der Kollege „Walliser Wurst" an, eine Art Salami mit Edelschimmel, wahlweise mit oder ohne Knoblauch. Der Asia-Mann hält Gemüseröllchen vor, die Asia-Frau gebackene Bananen, der Mexikaner frische Tacos. Berner Würstchen? Haben sie nicht. Hier ist reserviert für leckere Sachen aus der Region, und zur Region gehören hier auch, mit Nonchalance hingenommen, die Einwanderer.

Viel ist zu sehen in Bern, viel zu erleben, zu bestaunen und zu genießen, aber nichts deutet darauf hin, dass hier das Berner Würstchen erfunden wurde. E-Mail-Nachfrage beim Ausbildungszentrum für die Schweizer Fleischwirtschaft. Die Antwort kommt postwendend von einem gewissen Felix: „Sie haben Glück, dass Ihr E-Mail bis zu mir gekommen ist, habe ich doch vor ca. 15 Jahren am ‚Bernerli mit Käse' in der Entwicklung mitgearbeitet. Dieses Würstchen ist aber nicht mit Bauchspeck umwickelt, wie die von Ihnen bekannten Berner Würstchen. Auch werden diese ‚Bernerli mit Käse' nur von einer Firma in Bern als regionale Spezialität hergestellt. Verkauft werden sie in einzelnen Privat-Metzgereien, sowie in den Migros Filialen (leider nicht in allen). Dass es in Deutschland und auch in Österreich (ich habe sie letzten Sommer in Linz gegessen) diese Berner Würstchen gibt und ebenfalls etwas Ähnliches in der Schweiz, ist wohl eher Zufall. Der Kreativität der Fleischfachleute im deutschsprachigen Raum sind eben keine Grenzen gesetzt. Ich hoffe, Ihnen mit meinen Ausführungen gedient zu haben."

Dass eine Schweizer Konkurrenzfirma nun das deutsche Produkt kopiert hat und den Schweizer Grillern schmackhaft machen will, ist dem tapferen Mann bisher noch entgangen.

BERNER WÜRSTCHEN

Die Industrie scheint allerdings sehr darauf erpicht, das Berner Würstchen an den Mann zu bringen; eine Marktlücke aufzustemmen, wo vorher gar keine war, um sie mit Käse- Speck-Grillern zu füllen. Wie bei jedem Produkt verkauft man in volle Kühlschränke und braucht dafür gute Argumente. Fettarmut und Gesundheit können es in diesem Fall nicht sein; statt dessen versucht man, dem Produkt eine Tradition anzudichten, die es nicht hat, und eine regionale Verortung zu verpassen, die sich ungeschickterweise vor Ort noch nicht herumgesprochen hat. Jedenfalls nicht bis zu den Berner Gastwirten. Dabei schmecken sie gar nicht mal schlecht, die Bernerli aus dem Ausbildungszentrum, wie eine Kreuzung aus Debreciner und Salami. Sie sind wirklich eine prima Brotzeitwurst.

Den Berner Wurststreit darf ein berufener Experte beenden. Der heißt Pablo und sitzt tagaus tagein als Wappentier im Bärengraben. Wenn Pablo alles fressen würde, was da hineinfiele, wäre sein Leben kein Spaß mehr, also prüft er wählerisch die Beute. Mit einem „Pflupp" landet ein Bernerli in seiner Sichtweite. Pablo liegt gerade gemütlich auf dem Bauch, sieht das Würstchen, rührt sich erstmal nicht. Oben an der Steinbrüstung hängen kichernd die Touristen. Pablos Bärennase kräuselt sich. Er hebt den Kopf und angelt das Würstchen mit der Tatze heran. Einmal, zweimal beißt er davon ab, kaut gründlich, hebt den Oberkörper, blickt mit bernsteinfarbenen Augen nach oben. „Pflupp", noch ein Würstel. Das schmeckt ihm. Und jetzt zum Vergleich – ein Emmentalerli. Gleiche Prozedur. Pablo ist zufrieden. Noch ein Emmentalerli. „Pflupp." Dann endet der Wurstregen, Pablo legt sich wieder auf den Bauch, und schnuppert noch lange an der Stelle im Sand, wo der überraschende Segen niedergegangen ist.

DANZIGER GOLDWASSER

Neuer Glanz
in alten Gassen

Der kleine Engel auf dem Likörgläschen lacht. Im dem Kelchlein tanzt Goldflitter in der Sonntagnachmittagssonne, auf der Langen Gasse jagen kleine Mädchen bunt schillernden Riesenseifenblasen hinterher, unter dem Bogen des Grünen Tors sitzt eine Ziehharmonikaspielerin. Die Stuckgesichter an den Fassaden, all die Löwenköpfchen und Cherubime dösen gemütlich vor sich hin, vom Langen Markt her flanieren die Touristen und die einheimischen Kleinfamilien zur Mottlau, an jedermanns Handgelenk baumelt eine kleine silberne Digitalkamera, und von irgend einem der Altstadttürme weht, bimmelimmelimm, ein liebliches Glockengespiel herüber.

Beschaulich ist das Wort, das einen sonnigen Sonntagnachmittag in Danzig beschreibt. All die bummelnden Besucher, all die herausgeputzten Häuserzeilen, die summenden Straßencafés, das Kopfsteinpflaster, Neptun dreizackschwingend in seinem Brunnen und hochgetürmtes Softeis auf kleinen Waffelhörnchen – wie in einem riesigen Puppenhausmuseum ist das Leben in der Altstadt. Vor dem wuchtig-finsteren Krantor sitzen die alten Männer und fischen in der Mottlau, ein voll besetztes Ausflugsschiff zur Westerplatte tuckert an ihnen vorbei, drüben in der Speicherstadt hocken Studenten auf dem hölzernen Kai und streicheln ein graues Kätzchen, das sich eben angeschlichen hat. Danzig erfüllt mit planvoller Absicht alle Erwartungen, die man an die Stadt haben könnte. In der Marienkirche dreht sich mit ehrwürdiger Ruhe die astronomische Uhr aus der Renaissance um eine mit einer Marienskulptur gezierte Nabe. In der Marienstraße bieten die Goldschmiede in ihren Kellerläden und die Händler an ihren sonnenschirmbeschützten Ständen die schönsten Bernsteinarbeiten der Ostseeregion an. Im „Café Goldwasser" gibt es außer Capuccino, Minz-Frappé oder Bier natürlich auch Danziger Goldwasser in einem geschliffenen Likörgläschen, das ein lachender Engel ziert. Es ist dickflüssig wie Öl, scharf wie ein Hustenbonbon, aromatisch wie ein Kräutertee und altmodisch süß obendrein. Perfekt passt es zu Danzig, der schmucken Hansestadt mit den schmalen, hohen Kaufmannshäusern, deren Fassaden so edelfein sind, deren Geschichte so lang und deren Anmutung so nostalgisch.

Man wünscht sich, diese Atmosphäre destillieren und mit nach Hause nehmen zu können. Das ist möglich, wenn man im „Café Goldwasser" oder auch sonstwo ein „exklusives Souvenir" erwirbt, eine Flasche des altehrwürdigen Luxuslikörs in einem roten Samtbeutel etwa oder in einem Geschenkkarton zusammen mit zwei geschliffenen Gläschen mit Engelsdekor. Auch kann man, wenn man so viel davon überhaupt erträgt, die Nettigkeit des Nachmittags verlängern, indem man um die Ecke ins „Restaurant Goldwasser" geht und sich mit Blick auf Schiffe und Speicherstadt gegrillten Zander servieren lässt, als Digestif noch ein Goldwasser und dann in den „Apartments Goldwasser" satt und glücklich nächtigt.

Das könnte das Ende der Geschichte sein, sofern man am nächsten Tag wieder abreist und nur goldenwässrige Erinnerungen an Danzig und Fotos von blattgoldverzierten Fassaden mitnimmt. Tatsächlich nämlich ist nichts von all diesem Zauber ganz echt. Denn Danzig und Goldwasser tun, als hätte sich in der Altstadt seit dem Barock nichts verändert, als hätte man einfach nur das Gläschen ab und zu spülen, das Kopfsteinpflaster ausfegen und die Fassaden dann und wann neu streichen müssen. Tatsächlich aber sind all diese ehrwürdigen Gebäude Neubauten. Das hören die Danziger nicht gerne, aber Tatsache ist, dass Danzig zwar eine uralte Stadt ist, im Zweiten Weltkrieg aber dem Erdboden gleichgemacht wurde. 1945 waren 90 Prozent der Gebäude in der historischen Altstadt zerstört. Die Polen, Kummer gewohnt, ließen sich auch diesmal nicht unterkriegen, schnappten sich alte Fotos, Stiche und Gemälde und bauten ihre auf sowjetisches Anraten in Gdansk umbenannte Stadt so wieder auf, wie sie vorher war. Sogar noch schöner, denn die müffelnden Kellerlöcher, die bröselnden Hinterhöfe, die schlecht auf den Putz getackerten Stromleitungen, die man in manch anderer, von Kriegen weniger betroffenen Barockstadt findet, haben die Restauratoren nicht berücksichtigt. Nur das Schöne, das wahre Alte, das Wichtige hat man nachgebaut, die Löwenköpfchen an den Fassaden fein ausgearbeitet, den Stuck-Ornamenten die perfekte Dynamik gegeben, den Statuetten auf den Firsten des Langen Markts das beste Weiß verpasst, an den richtigen Stellen der fein geschwärzten schmiedeeisernen Fenstergitter Blattgold aufgetragen. Ein besseres Danzig haben sie aufgebaut, ein historisches, aber auch ein historisierendes; eines, das seine Schönheiten präsentiert und leicht konsumierbar macht, ein Danzig, das mit sich selbst protzt, das beeindrucken möchte, das benutzerfreundlich ist, verkehrsberuhigt, voller Lokale und kleiner Läden, die auch am Sonntag für den geneigten Flaneur geöffnet haben, und sicherheitsbedacht, denn sogar unter dem ehrwürdigen Krantor lugt das runde Auge der CCTV-Überwachungskamera hervor.

Von Disneyland unterscheidet sich die Danziger Altstadt nur durch zwei Dinge: Danzig hatte ein historisches Vorbild, das an gleicher Stelle stand, an der die heutige Altstadt steht – und es gibt dort im Gegensatz zu Disneyland die Bettler-Banden aus Südosteuropa, die mit weinerlicher Stimme und herbem

Körpergeruch die schillernden Wohlfühlblasen der Gäste zum Platzen bringen. Dass man Disneyland als Unkultur und Danzig als Kulturstadt wahrnimmt, liegt an den minderwertigen Baumaterialien der Vergnügungsparks und an der fehlenden Tradition des ersten Disney-Standorts Anaheim.

Es hätte nicht mehr Investitionen und EU-Gelder gekostet, die Danziger Altstadt in Anaheim nachzubauen, aber ach, welche Unkultur! Wiederaufbau gilt nur am Originalschauplatz. Auch wenn die meisten ehemaligen Danziger Bürger entweder tot oder in den Westen vertrieben waren, wurde Danzig eben nicht in Westdeutschland wieder aufgebaut, sondern in Polen, wo es schon immer war. Dass der Hauptzweck dieses Ensembles – historisches Empfinden und Traditionsbewusstsein in allen Ehren – heute ebenso wie in Disneyland der Konsum und das Amüsement sind, wird niemand bestreiten, der einmal ein Gläschen Goldwasser auf der Langen Gasse getrunken hat. Es mag sich nun empören wer will, aber nach 1955 nachgebauter Wilder Westen in Anaheim oder nach 1945 aufgebauter Hanse-Barock in Polen, sind genau genommen nur verschiedene Facetten von Entertainment. Insofern passt das Goldwasser sehr gut zur neuen Danziger Altstadt, war doch auch dieses süße Getränkchen wie all die netten Häuschen und Türmchen ein ursprüngliches Gewächs der Stadt, bis es der Zweite Weltkrieg davonfegte.

In den über tausend Jahren ihrer Geschichte produzierte die Stadt Danzig unzählige Sagen, Legenden, Anekdoten und Erzählungen, auch über das Goldwasser. Eine besagt, dass es entstand, als die Vergolder in der reichen Ostsee-Hansestadt gerade besonders viel zu tun hatten. Hier ein Stuckgesims, da einen Spiegel für Madame, dort eine Fassade. Sie kamen mit der Arbeit kaum nach und reinigten abends die Pinsel, mit denen sie das Blattgold auftrugen, in Alkohol. Viel Arbeit, viele Pinsel, viel Alkohol mit Goldflitter. Irgendjemand kam bei einem

Feierabendfest auf die Idee, das Goldwasser einfach dekadent auszutrinken.

Auch eine andere Sage basiert auf dem Reichtum der Danziger Hansekaufleute. Nach einem besonders guten Geschäftsabschluss am Hafen feierten sie eines Tages auf dem Langen Markt, ließen den Neptunbrunnen mit Wein füllen, damit auch die ärmeren Bürger etwas vom Handelserfolg hätten. Ein besonders übermütiger Pfeffersack warf Goldmünzen in den Brunnen und verkündete, dass jeder sie behalten dürfe, der sich beim Herausfischen nicht nass mache. Neptun selbst, die mächtige Brunnenfigur, soll, der Dekadenz überdrüssig, mit seinem Dreizack die Goldstücke zerschlagen haben. Der Wein und die Goldstücke kamen daraufhin in ein Fass und wurden schamhaft im Keller des Gasthauses „Zum Lachs" verwahrt. Als die Pest erneut ausbrach, öffnete der Wirt das Fass und gab das Goldwasser erfolgreich als Heilmittel aus.

Ob und was davon stimmen mag – 1598 jedenfalls erhielt der aus den Niederlanden stammende Gastronom Ambrosius Vermöllen das Danziger Bürgerrecht und gründete umgehend eine Likörfabrik. In Danzig ungern gehörte Zungen behaupten, er habe das Rezept für das Goldwasser schon aus den Niederlanden mitgebracht, vielleicht von den Vergoldern in Amsterdam inspiriert. Aber die Firmenchronik vermerkt, dass Vermöllen erst 1606 das Rezept für Danziger Goldwasser niederschrieb, streng geheim natürlich. 1706 zogen Vermöllens Erben, reich geworden, in die repräsentative Breite Gasse um, in das Haus „Zum Lachs", gekennzeichnet durch ein steinernes Hausschild mit einem Lachs. Der Fisch bedeutete Glück und Wohlstand und wurde zum Markenzeichen der Brennerei. Ein gleichnamiges Gasthaus gehörte ebenfalls dazu. Mit der Gründung der deutschen Freistadt Danzig standen die Tore in den Westen weit offen und die Likörfabrik „Der Lachs" eröffnete 1922 eine Filiale in Berlin. Sie blieb stehen, als 1945 Danzig kurzfristig vom

Erdboden verschwand und mit dem Leben auch der Lachs aus deren Altstadt verschwand. Die Berliner Fabrik bestand weiter, das Goldwasser auch, bis 1971 die „Hardenbergsche Kornbrennerei" den Betrieb übernahm. Seitdem wird das original Goldwasser nach Vermöllens Rezept im niedersächsischen Nörten-Hardenberg hergestellt und, seit sich der eiserne Vorhang hob, lastwagenweise nach Polen gekarrt. Dort kaufen es deutsche Touristen, um es im Gepäck wieder zurück in den Westen zu schleppen, oder sie bestellen es es im geschliffenen Gläschen. Etwa im Restaurant „Pod Łososiem" in der Ulitza Szeroka in Danzig, das die Familie Robakowski 1976 eröffnete – im wiederaufgebauten Haus „Zum Lachs". Mit all dem Stuck, den schweren, dunklen Möbeln, den goldgeränderten Gläsern, den Hummerplatten, ledergepolsterten Stühlen und Vertäfelungen wurde hier die Vorkriegs-Atmosphäre des gediegenen Bürgertums herbeigezaubert, bewusst und mit Stolz, zur Unterhaltung derer, die Goldwasser nicht für ein altmodisches Relikt halten. George Bush Senior war schon da, Margaret Thatcher, Václav Havel, Gerhard Schröder und sogar Johannes Paul II. durften die Robakowskis schon bewirten. Doch auch im schicken „Café Ferber" in der Langen Gasse wird das Likörchen ausgeschenkt, es ist bei den Jüngeren Kult geworden, man trinkt es nach den Bruschetti, während man im Designersessel lümmelt und das Lounge-Jazz-Gedudel von sich abperlen lässt. Für die jüngere Generation ist Goldwasser so etwas wie Jägermeister für deutsche Jugendliche um die Jahrtausendwende war: Ein Gebräu aus alter Zeit, das streng schmeckt und Kopfschmerzen verursacht, das zu trinken aber irgendwie Kult ist. Kult ist letztlich nur ein vergoldetes Wörtchen für gelungenes Marketing.

Echtes, unvergoldetes Gdansk mit unkultigen Ecken gibt es außerhalb der Altstadt. Da stehen sie noch in Reih und Glied, die sozialistischen Plattenbauten, deren neue pastellfarbenen Anstriche den Anblick zwar erträglich machen, aber nicht über die betonstabile Realität hinwegtäuschen. Ebenso wenig wie die spätsozialistischen Kästen in der Bahnhofsgegend, die sich schon ein wenig an Stahl-Glas-Architektur versuchen. Noch weiter draußen, in den Vororten Zaspe und Oliwa, stehen noch Gässchen aus der Vor-Vor-Kriegszeit, tief nachgedunkelte, backsteinerne Arbeiterunterkünfte in holprigen Kopfsteinpflasterzeilen. Hier sind keine netten Cafés oder Restaurants, hier sind im Wechsel mit alten und neuen Wohnblöcken glänzende Einkaufszentren, Super- und Baumärkte, Sporthallen. Schnaps gibt es nicht an den Kiosken, sondern nur in Schnapsläden oder in Schnapsabteilungen von „Carrefour" und Co. Man trinkt „Lech"-Bier oder „Warka", nicht das touristische niedliche „Zywieck" mit den gezeichneten Volkstänzern auf dem Etikett. Goldwasser kann man auch kaufen, aber nicht das reimportierte Danziger vom „Lachs", sondern von Wyborowa, einer Traditions-Wodkadestille aus Posen im Westen des Landes, 1823 gegründet. Die gehört inzwischen der französischen Großbrennerei „Pernod-Ricard", da sie mit der Wende fast unters Rad gekommen wäre. Goldwasser ist ein gesamteuropäisches Produkt geworden, das vom Namen Danzigs profitiert, und Danzig wiederum ein wenig vom Goldwasser. Aber „Danziger Goldwasser" ist so etwas wie das heiße Würstchen bei „Pluto's Dog House" in der Anaheimer Disneyland-Sektion „Toontown". Schlecht schmeckt es nicht, aber es wird von fern herangefahren, um eine selbstgewählte Tradition zu bestätigen.

Jeder bekommt das Danzig, das er sich aussucht. Sozialismus-Spuren oder Freistadt-Charme, modernes junges Polen oder Hanse-Pracht. Ein Besuch in Danzig ist ein bisschen wie einer in Disneyworld, wo man sich ebenfalls entscheiden muss, ob man ins „Adventureland" oder ins „Frontierland" geht, oder doch als erstes in das „Sleeping Beauty Castle". Alles sollte man einmal gesehen haben. Aber im Gegensatz zum Vergnügungspark hat Danzig echtes Gold zu bieten: Seine Bürger. Jene Bürger, die sich weder von Reichsdeutschen, noch von Nazis, noch vom Sozialismus kleinkriegen ließen, ihre Stadt vor allem für sich selbst wieder aufgebaut und zu dem gemacht haben, was sie heute ist. Die traditionsbewusst sind, soll heißen, sie suchen sich aus ihrer reichen Tradition bewusst das aus, was ihnen am besten gefällt, um es dann in vollen Zügen zu genießen und sogar die Welt daran teilhaben zu lassen. Nur weil dieses Gefühl für die eigene Stadt da ist, weil die Bürger in ihrer Stadt leben, auch mal betrunken durch die Gassen torkeln, Graffiti an die Wand schmieren, schweineschmalzige Piroggen essen, sich auf dem Hauptplatz mit dem Freund streiten und in der Ulitza Szeroka falsch parken, weil die Stadt also immer noch kein Freilichtmuseum, sondern ein Gebrauchsgegenstand ist, ist sie ein lebendiger, echter Ort und kein Vergnügungspark. Sie ist sogar eine schöne Stadt, weil sie von ihren Bürgern geliebt wird. Und ja, auch das Goldwasser gehört zu Danzig. Gerade, weil es einerseits altmodisch ist und andererseits trotzdem nicht seit Jahrhunderten am selben Fleck gebraut wird, sondern wie die Stadt selbst eine Geschichte von Vernichtung und Neuanfang hat. Keine Cola und kein „Adventureland" können Danzig das Wasser reichen.

PIEMONT-KIRSCHEN

PIEMONT-KIRSCHEN

Füllmaterial für einen Krater in der Seele

Mit einer überraschenden, akuten und schmerzhaften Beziehungsenttäuschung im Bauch zu verreisen, ist eine Erfahrung für sich. Mich hat sie ausgerechnet im Piemont ereilt. Am Lago Maggiore. Genau am Tag des offiziellen Frühlingsanfangs. Ärger kann es kaum kommen. Alles hätte so schön werden sollen – ein gestohlenes Wochenende in einem frisch renovierten Palasthotel am See, Bötchen fahren, spazieren gehen, Blüten bestaunen, fein Essen gehen, Wein trinken. Aber schon beim Losfahren wusste ich: Er wird nicht kommen. Er wird nie wieder kommen. Er hat jemand anderen kennen gelernt. Bei Facebook. Alles nachzulesen auf seiner Wall. Verdammt. Das sitzt.

Mit einem schwarzen Loch im Bauch bin ich dann trotzdem losgefahren, jene Art von schwarzem Loch, das sich implosionskraterartig auftut, wenn einen die Erkenntnis wie ein Vorschlaghammer in den Solarplexus trifft und das alle Lebensenergie in sich einsaugt. Es ist, als würde man innerhalb einer Millisekunde in das eigene Loch im Bauch fallen, in sich selbst verschwinden und sich dann aus dem Krater heraus wieder auffalten als verändertes Selbst, ein Schatten dessen, was man noch kurz vorher gewesen war. Wer es ein paar Mal erlebt hat, weiß, dass sich Widerstand lohnt und der Implosionskrater sich am besten mit neuen Erfahrungen zuschütten lässt. Daher bin ich losgefahren, und genau am Freitag Mittag, als ich ins Auto stieg, begann es auch noch zu stürmen und zu schneien. Der Mensch plant, das Universum lacht.

Der Lago Maggiore ist grauenhaft schön. Im Gras an der Uferpromenade von Verbania Pallanza, einer auf einer Landzunge verborgenen Enklave abseits der sich am See entlang schlängelnden Panoramastraße, liegen die Gänseblümchen und schlafen. Über ihnen beugen sich blütenschwer die Zweige der Kirsch- und Magnolienbäume als schützendes, flauschiges Dach. Sogar bei Nacht strahlen sie in frischen Farben, als fluoreszierten sie im faden Licht der elektrischen Laternen. Leise plätschern die Wellen des Sees ans Ufer. Auf der anderen Seite der tintenschwarzen Wasserebene glitzern die Orte am Ostufer, darüber spannt sich ein gigantisches Sternenzelt. Eine Asiatin pflückt einen blühenden Zweig vom Baum, auf einer der vielen Bänke sitzt ein Pärchen und raucht, ein junger Mann mit Strickmütze wühlt in einem Abfalleimer. Ansonsten ist die Promenade menschenleer. Nur die Krieger am Denkmal halten Wache, angestrahlt von trüben Schweinwerfern, die steinernen Mäntel fest um sich gezogen. Ich höre die Ledersohlen meiner frühlingspinken Mokassins auf dem Pflaster knarzen. In meinem Kopf dröhnen noch die Songs aus den 90er Jahren, die ich auf der Fahrt gehört habe. Sie erinnern mich an vergangene Beziehungsenttäuschungen. „Summer of 69", „Killing me softly", „Crying just to let you". Ich habe keine Tränen, nicht an diesem Abend, ich bin leer.

In der „Pizzeria Magnolie" bestelle ich erst recht eine Pizza mit Wurst, Zwiebeln und Knoblauch, ich bin ja alleine in meinem Palasthotelzimmer mit der Damast-Tagesdecke. Ich trinke kein damenhaftes Viertel, sondern einen halben Liter Wein, damit ich mir später wenigstens selbst beim Schnarchen zuhören kann. Das Lokal ist voll, vor allem mit Einheimischen, ich bin natürlich die einzige, die allein gekommen ist. Ich sehe hinaus auf den See, das funkelnde andere Ufer, und warte darauf, dass es mir etwas ausmacht, allein da zu sitzen. Hinterher, wieder auf der Promenade, streichle ich die Kirschblüten, sie sind weich wie Haut und kühl wie totes Fleisch, ich schließe die Faust ganz fest um einen Zweig, so fest, dass mir die Handballen weh tun, aber die Blüten falten sich danach einfach wieder auf, als wäre nichts gewesen. Statt dem Blut des Kirschbaums bleiben nur vier kleine, rote Halbmonde in meiner Hand zurück, die Abdrücke meiner eigenen Fingernägel.

Die Isola Bella ist herzzerreißend hübsch. Eben erwacht sie aus ihrem Winterschlaf, die Souvenirhändler bauen gerade erst ihre Stände auf. Aus Stresa kommen urlaubende Rentner und Kleinfamilien in privaten See-Taxis angetuckert, direkt vor dem Schloss des Carl Borromäus gehen sie von Bord, galant gestützt von silberhaarigen Fährmännern. Ich bin mit dem Linienschiff da, aber aus dem sind heute Mittag auch nicht mehr Besucher gestiegen als aus den kleinen Holzschiffen. Das Schloss, das überall, außer auf einer winzigen Insel, mickrig aussehen würde, hier aber eindrucksvoll über dem See thront, schläft noch. Die Fenster sind blind, alle Türen verrammelt, Frühlingseröffnung erst nächste Woche. Von der Wand bröckelt ein wenig der Putz, als müsste sich der Palast noch mausern wie die Spatzen, die noch schlank vom Winter jedem Besucher fröhlich entgegen hüpfen. Wieder einmal bin ich die einzige, die allein über das Flusskieselpflaster tappt, die Jacke bis oben hin zugeknöpft, die frühlingshafte lila Tasche mit der aufgenähten Erdbeere tapfer geschultert und das Gesicht hinter einer riesigen roten Sonnenbrille versteckt, total Fashionista, total daneben. Ich bilde mir ein, dass alle Leute mich mitleidig ansehen, weil kein Mensch freiwillig allein zur Kirschblüte auf die Borromäischen Inseln schippert, um dann dort allein unter den Bäumen zu wandeln. Das ist, aus der Distanz betrachtet, auch wirklich sinnlos. Aber vom Vorplatz des Palazzo Borromeo aus gesehen, mit den schneebezuckerten Alpen im Hintergrund, den ockerfarben in der Sonne leuchtenden Dörfern am Ufer, den entzückenden Inselchen davor und dem glitzernden Wasser ist es – ich bin von mir selbst überrascht – ziemlich schön. Und weit sinnvoller als der Ausflug des noch stylisher angezogenen Pärchens, das schweigend und ohne sich anzusehen Runde für Runde um die Insel geht, oder der des deutschen Ehepaars, sehr später Eltern eines kleinen Buben, der versucht, einen schönen Tag zu haben, und dafür abwechselnd von der Mutter oder vom Vater gemaßregelt wird: „Nein Benjamin, da nimm deine Finger weg!", „Schau Benjamin setz dich mal auf die Kanone hier, los, komm, setz dich mal drauf!" Sie haben weniger Spaß als ich. Sie entdecken nicht die gefleckte Katze, die auf einem Balkon zwischen Opuntien sitzt und in die Sonne blinzelt, sondern bleiben mit dem Blick an den grauenhaften, Kunsthandwerk vortäuschenden, aber wahrscheinlich aus chinesischer Produktion stammenden Töpferarbeiten in den zwei schmalen Dorfgässchen hängen. Die Spaziermöglichkeiten sind ausgesprochen eingeschränkt, denn der Park des Schlosses, die Hauptattraktion der Insel, ist auch noch geschlossen, so wie fast alles am Lago Maggiore – obwohl die Kirsch- und Magnolienbäume aus den Gärten heraus so hell leuchten wie die Spitzen der Berge. Der Park der Villa Pallanza – nächste Woche erst offen. Die fröhliche Nachmittags-Kreuzfahrt „Pomeriggio sul Lago" – „Tut uns leid, dafür kommen heute sicher nicht genug Gäste zusammen, vielleicht am Sonntag, fragen Sie einfach noch einmal." Die Seilbahn zum Aussichtsberg? Winterpause. Isola Madre? Palast und Museum hat zu, nur im Garten könnte man herumgehen. „Aber denken Sie daran, Magnolienfest ist erst nächste Woche." Doch nächste Woche, wenn alles eröffnet, gibt es nur noch Schneefall aus blassrosa, toten Blütenblättern und braunen, matschigen Ex-Magnolienblüten. Der Mensch plant, Gott lacht. Ich jetzt auch, aber mit einem Ziehen im Bauch, das mich daran erinnert, dass ich nur meine Enttäuschung mit der Welt teilen will.

PIEMONT-KIRSCHEN

Die ältliche Kellnerin in einem der zwei geöffneten Lokale scheint mir ganz besonders freundlich und zuvorkommend zu sein, genau wie die magere Souvenirhändlerin, die mir wortreich die Preise jeder einzelnen Schneekugel und jedes Kühlschrankmagneten erklärt, die unverwüstlichen Kleinigkeiten umständlichst in Papier wickelt. Wie die alte Dame einen Stand weiter, die mir das Heftchen „Schätze Italiens: Lago Maggiore und die Inseln des Borromeo-Golfs" sorgsam in eine Tüte packt und dabei versucht, durch meine Sonnenbrillengläser in mein Herz zu sehen. Zwei Stunden, bis der Liniendampfer wieder zurück fährt, und schon drei Mal jedes Gässchen abgegangen, ich brauche etwas zu lesen, wenn schon niemand mit mir spricht. Da sitze ich also wieder, schaue über mein bestimmt extra großes Tris di Pasta auf einen leeren Stuhl und jetzt macht es mir wirklich etwas aus. Hundertausend Mal allein in ein Lokal gegangen, aber auf der Isola Bella hört der Spaß an der Emanzipation auf. Dazu kommt, dass die Fleischsauce auf der Lasagne, der größte Teil des Tris, mindestens vom letzten Herbst stammt und das Coperto-Brötchen mindestens vom Vortag. Lautstark palavert eine italienische Freundesclique am Nebentisch, das stylishe Pärchen sitzt in der Sonne und isst schweigend Kuchen, zwei alte Damen bestellen Kaffee. Alles ist besser als allein mit einem holprig übersetzen Reiseführer und einem durchwachsenen Tris-Teller auf der sonnenbeschienenen Loggia zu sitzen. Sogar die dicke Ente, die an meinen Stuhl heranwatschelt und mit kleinen, hellen Knopfaugen um den Rest vom Brötchen bittet, hat einen Begleiter dabei.

Dann sitze ich wieder auf der Sonnenbank, warte auf das Schiff, spüre, wie kalt der Wind über den See zieht, sehe die stillstehende Seilbahn am anderen Ufer. Das Loch im Bauch wird riesengroß. Nur eine Frage hallt vom Grund des Kraters herauf: Warum? Am Festland tue ich das einzige, was hilft, wenn sich der Krater weder mit Erfahrungen noch Alkohol oder kohlehydrathaltigem Essen auffüllen lässt: Shoppen. Ich vergucke mich in eine azurblaue Handtasche, aber der Laden, aus dessen Fenster sie lacht, hat geschlossen. Wie die meisten in Pallanza. Ich fahre eine Ecke weiter, nach Intra, wie alle Einheimischen auch, und da lachen noch viel mehr Taschen aus viel mehr Geschäften, die alle offen haben. Beige Prada-Lackschuhe glänzen verführerisch im Schaufenster. Ich kaufe ein Tiramisu-Gelato, um nicht in die Läden hineingehen zu können, betrachte Taschen mit aufgestickten Comic-Helden, aus Bast gewebte Taschen, Taschen aus geflochtenem Leder und riesige Stoffbeutel mit Kettengriffen. Es geht schon besser. Aber eigentlich will ich gar nichts kaufen. Wer braucht schon schöne Ausgehschuhe, wenn er den Abend im Hotelzimmer verbringen wird, wer eine neue Tasche, wenn er doch kürzlich extra für den romantischen Frühling eine Erdbeertasche angeschafft hat. Das Handy klinget. Meine Mutter. „Jaja, alles super hier, tolles Wetter, blühende Bäume, schon einen Ausflug zu den Inseln gemacht ..."

Am Pier von Intra hallt es wieder in mir, während ich die Autofähre heranrauschen sehe, die schwangere Frau im schicken grauen Kostüm an mir vorbeigeht und das alte Pärchen mit dem kleinen Hund an der Leine. Warum. Warum hat er mich nicht ausgesucht. Warum nur wollte er nicht mitkommen. Über mir nicken die blütenschweren Zweige. Allein reisen ist etwas Großartiges, wenn man neue Erlebnisse sucht, denn man nimmt die Umgebung viel wacher wahr als in Begleitung. Man sieht jedes Detail, wie in Intra das Mahnmal für den Partisanen Lollo, der 1944 im heldenhaften Kampf gegen die Faschisten gefallen ist, vor dem ein Topfpflänzchen steht, das mit einer Schleife in den italienischen Nationalfarben verziert ist. Allein reisen mit einer Beziehungsenttäuschung im Bauch ist aber etwas völlig anderes, da ist jeder Eindruck eine Ohrfeige, jedes Funkeln auf dem Wasser ein spöttischer Kommentar zur eigenen Situation, nichts ist Zufall, alles ist ein Plan des Universums, um mir meine eigene Minderwertigkeit bewusst zu machen. Wenn ich jetzt sofort hier sterbe, niemand wird mir ein Mahnmal errichten. Weil ich einfach allein hier war, ohne Sinn, ohne Grund. Warum. Warum. Weil er mich nicht mochte. Weil er einfach nicht mit mir hierher kommen wollte, so entzückend, so schön, so malerisch der Lago Maggiore zur Kirschblüte auch ist. Weil er vielleicht ein Dorf weiter mit der anderen unter einem blühenden Baum auf der Bank sitzt. Dabei ging es weniger um ihn speziell, sondern darum, nicht allein zu sein, also um mich. Und jetzt das.

Dass ich auf einer Reise eine Enttäuschung durch Erlebnisse überwinden kann, weiß ich von früheren Katastrophen. Da habe ich aber dann tagelang alle Museen, Kirchen und sonstigen Sehenswürdigkeiten von Dublin besichtigt, abends in Kneipen Bier getrunken und mit Fremden getanzt, in der Londoner Oxford Street mehr Schuhe gekauft, als ich tragen konnte oder alle schwarzen Abfahrten eines Skigebiets ausprobiert. An einem Ort aber, wo es nichts zu tun und zu besichtigen gibt, sondern die Stimmung das ist, weswegen die begleiteten Menschen kommen, funktioniert das nicht. Niemals, niemals sollte man alleine dorthin fahren, wo andere Menschen romantische Wochenenden verbringen. Diese Orte sind Vergrößerungsspiegel des eigenen Befindens, deshalb gelten sie als romantisch. Wer aber kein gutes Gefühl mitbringt, wird auch dort keines finden, sondern sich von einer Enttäuschung in ein Drama hineinsteigern.

Wenigstens für die Leute zu Hause will ich etwas Schönes mitbringen, also halte ich an einem Riesen-Supermarkt. Da tobt der italienische Wochenend-Einkauf, werden fachmännisch zig verschiedene Oster-Colombas verglichen, papierdünne Schinkenblätter Lage für Lage zu buchdicken Familienpaketen gepackt, Aranciata im Großgebinde in die Wagen gehievt. Auch mein Wagen füllt sich mit Spezialitäten und für mich suche ich Trostessen, Schokolade nämlich. Das Süßigkeitenregal ist

PIEMONT-KIRSCHEN

kaum halb so groß wie das für die Pasta, die Auswahl wie überall in Italien kläglich. Ganz unten, in einer Ecke und gut versteckt entdecke ich sie dann aber, die perfekte Kummer-Süßigkeit: Mon Chéri. Schokolade, Alkohol und eine Kirsche. Ja, ausgerechnet die Piemont-Kirsche, die hier so garstig romantisch blüht. Die Kirsche, zu der die magersüchtige Zicke aus der Werbung immer hinfährt. Nicht jede Kirsche kann eine Piemont-Kirsche sein, nicht jede ist süß und saftig genug. Genau wie ich. Der einen ist's gegeben, der anderen nicht. Dabei weiß doch jeder, dass das mit der Piemont-Kirsche bloß Werbe-Blödsinn ist, bestimmt erfunden von denen, die bei der Kirschblüte im Piemont eben nicht allein waren. Als Marke geschützt für den Industriepralinenhersteller, der EU aber als Herkunftsbezeichnung nicht geläufig. Eine Illusion: Wo Romantiker hinfahren, sind am Ende sogar die Kirschen süßer und dicker als anderswo.

Auf der italienischen Schachtel aber steht es nüchtern schwarz auf rot: Praline aus Zartbitterschokolade mit Kirschen und Likör. Den Einheimischen können sie den Quatsch mit der besonders süßen und saftigen Piemont-Kirsche sowieso nicht verkaufen. Die wissen, dass hier die Kirschen auch nicht anders sind als anderswo. Dass die Dörfer auch nur Dörfer sind, der See einfach ein See und in den Geschäften auch nur Waren liegen, die es in jeder anderen Kleinstadt auch gibt. Ich kaufe die Schachtel und esse schon auf dem Parkplatz die erste Praline. Super Süßigkeit. Piemont und seine Kirschblüten? Sind völlig überschätzt und können mir, nach einer Schachtel Mon Chéri, gestohlen bleiben.